アルヴァ・アールトの建築
エレメント & ディテール

文・写真　小泉 隆

Alvar Aalto
Elements and Details

text & photography by Takashi Koizumi

学芸出版社

CONTENTS

Introduction　人間のための「大きな機能主義」 ―アールトが語る建築の理想― 4

Handle & Door　8
取っ手　10
手すり　14
木製扉と扉まわりの立面構成　16
ルイ・カレ邸　格子扉　18
ヴィープリの図書館　ブレース入りの鋼製ガラス扉　20

Stairs & Floors　22
ヴィープリの図書館　T字形断面の屋外階段　24
労働者会館　エントランスホールの階段　26
マイレア邸　居間の階段　28
サウナッツァロの村役場　議場へのアプローチ　30
タリン美術館　展示エリアを区分する階段　32
リオラの教会　段状の聖歌隊席　34
建物に奉仕する外部階段　36
野外劇場のモチーフ　38

Path & Corridor　42
サウナッツァロの村役場　中庭に面する回廊　44
アラヤルヴィ庁舎　幅と高さが変化する中央廊下　46
リオラの教会　水平材が連続するキャノピー　48
文化の家　二つのヴォリュームを統合するキャノピー　50
ヴォルフスブルク文化センタ　変化に富んだピロティ　52

Column & Frame　54
マイレア邸　林立する多様な柱　56
柱の表現の展開　60
アールトスタジオ　板状の柱　62
トゥルン・サノマット新聞社　マッシブな柱　64
屋根を支える木架構　66
ロングスパンの木製合成梁　70
ヘルシンキ工科大学　大講堂のリブフレーム　72
リオラの教会　ダイナミックなリブフレーム　74
ムーラッツァロの実験住宅　木架構の実験　78
線材による繊細なデザイン　80

Wall & Ceiling　82
自由曲面の壁　84
ヴィープリの図書館　児童図書室入口の曲面壁　86
個性あふれる間仕切り　88
ヴォクセンニスカ教会　曲面の可動間仕切り　90
外観を特徴づける可動間仕切りのデザイン　92
木の外壁のディテール　94
コッコネン邸　輝く木の壁　96
アールトスタジオ　白い壁面のヴァリエーション　98
周囲に調和したファサード　100
ヴィープリの図書館　講義室の波打つ天井　104
ルイ・カレ邸　玄関を包み込む曲面天井　108
窓際の斜め天井　112
空間の広がりを演出する天井　114
音や熱をコントロールするパネル天井　118
照明や音響の効果を高める布の活用　120
有機的な曲線を描くキャノピー　122

Window 124

ルイ・カレ邸　展示作品を照らすための窓　126
アールトスタジオ　建物に変化を与える多様な窓　130
景色を楽しむ窓、集中するための窓　132
サウナッツァロの村役場　議場の闇を引き立てる窓　136
遊び心が感じられる即興的な窓　138
パイミオのサナトリウム　病室の窓まわり　140
パイミオのサナトリウム　食堂のガラスボックス　142
ムーラッツァロの実験住宅　中庭との関係性が表現された窓と扉　144
内と外との関係を演出する窓辺　146
ヴォクセンニスカ教会　外皮と内皮のズレをまとめる二重ガラスの高窓　150
ラハティの教会　十字架をかたどった小窓群　154
内部の要求から決まった窓の外観への現れ　156

Skylight & Reflector 160

国民年金会館本館　クリスタル・スカイライト　162
クリスタル・スカイライトの展開　164
ヴィープリの図書館　円筒スカイライト　168
円筒スカイライトの展開　170
スカイライトの外観　172
光を拡散させるリフレクター　174
採光のために変形した壁と天井　176

Sauna & Fireplace 180

サウナ　伝統的なスタイルを進化させた濃密な空間　182
暖炉　農家から着想した集いの空間　186
ムーラッツァロの実験住宅　焚き火の炉　190

Green & Water 194

緑の扱い　植物の成長を見越した精緻なデザイン　196
マイレア邸　草屋根　200
水の扱い　空間に潤いを与える効果的な使い方　204
雨水の処理　210

Furniture & Lighting 214

L字脚のスツール　216
木製のキャンチレバーチェア　218
木の脚の実験と実践　220
ユニークな丸みを帯びたペンダントライト　222
円筒形のペンダントライト　224
ポール・ヘニングセンからの影響　226
帯状の羽で包み込まれたライト　228

資料編　230　　　年譜　231
　　　　　　　　　事例・所在地リスト　234
　　　　　　　　　参考文献　238

あとがき　239

Introduction

人間のための「大きな機能主義」
―アールトが語る建築の理想 ―
小泉　隆

　ル・コルビュジエ、フランク・ロイド・ライト、ミース・ファン・デル・ローエらと並び、近代建築の巨匠の一人にも数えられるフィンランドの建築家、アルヴァ・アールト。その活動は建築設計や都市計画にとどまらず、家具や照明器具、さらにはガラスの器といったプロダクトデザインにも及んでいる。本書では、そのような多岐にわたるアールトの諸作品をエレメントやディテールに着目しながら紹介していく。この試みがアールトの新たな側面を少しでも浮き彫りにすれば嬉しい限りである。

　具体的な作品紹介に先立ち、ここではエレメントやディテールが生みだされた背景にあるアールトの設計思想、作品の特徴について、アールト自身の言葉に即して記していきたい。

大きな機能主義

　「建築は科学ではない。それは何千もの、はっきりした人間的機能を結合する総合的な大プロセスであり、依然として建築である。その目的は物質の世界を人間の生活と調和させることである。建築を人間的にするといっことは、それが良い建築であることを意味し、そして単なる技術的なものより、はるかに大きな機能主義を意味する。」[1]

　アールトの作風は、初期の古典主義様式から機能主義様式を経て、独自のスタイルが確立された後も発展、変化していくが、「建築を人間的にする」「物質の世界を人間の生活と調和させる」という大きな目的は一貫して変わっていない。それこそが、時期やスタイルを超えて、アールトが生涯追求した最も重要な事柄であったといえるだろう。

　ここで「大きな機能主義」という言葉を用いている点にも注目したい。近代建築の台頭を後押しした「機能主義」は、技術や経済の合理性を偏重し、それが主として装飾が排除された幾何学的な形態表現と結びつくことで、建築の新たな一様式として世界的に広く波及していった。しかしながら、建築における本来の「機能主義」は、「建築の形態は実際の機能や目的によって規定される」というものであり、ここでいわれる機能には、技術面や経済面に限らず、人間の心理や生理に関わる機能までもが含まれる。「技術の機能主義は本源的な建築をもたらさない」[1]とも語るアールトは、当時の「機能主義」が建築の発展に大きく貢献したことを認めた上で、その機能を人間の生理的・心理的な側面にまで拡張して捉え、「建築を人間的にする」「物質の世界を人間の生活と調和させる」＝「大きな機能主義」というテーマを掲げた。

実際の建築作品では、構造面や技術面から合理的にデザインされたエレメントやディテールも見られるが、多くのエレメントで人間の生活に根ざした明確な機能が設定され、その機能を満たすためにディテールが組み立てられている。冒頭の言葉が語られたエッセイでは、患者に配慮したデザインが施されたパイミオのサナトリウムの病室、読書に適した光環境を生みだす円筒形のスカイライトが配されたヴィープリの図書館の閲覧室の二つの作品が例示されているが、「大きな機能主義」というアールトの考え方がよく反映された作品だといえよう。さらには、素材や形にこだわり繊細にデザインされた取っ手や手すりをはじめとして、蔦で壁面を覆うといった緑の扱い、木材を積極的に使用する姿勢など、その思想は隅々に貫かれている。

遊びの必要性

　アールトはまた、「建築を人間的にする」ためには、技術や経済の合理性だけでなく、「遊び」が必要だと語る。

　「われわれは、実験的な仕事を遊びの気分に、または遊びの気分を実験的な仕事に結び付けるべきである。建築の構造物、それから論理的に導かれた形態や経験的知識が、まじめに遊びの芸術とよぶことのできるものによって色付けられて、初めて、私達は正しい方向に進むことになるだろう。技術や経済性は、常に、生活を豊かにする魅力と結び付いていなければならない。」[2]

　この言葉は、アールト自身のサマーハウスであるムーラッツァロの実験住宅に関して記されたものだが、この住宅では遊びの精神に基づいて様々な実験的試みが展開されている。ほかにも、随所に見られるアールトらしい無意識に描かれたような自由な曲線、即興的な窓のデザイン、照明器具のユニークなモチーフなどにアールトの遊び心を感じることができるが、いずれもそれらのエレメントが建築の魅力を高め、そこで営まれる生活を豊かにすることにつながっている。

人間を中心に内側から組み立てるデザイン

　「真の建築は、その小さな人間が中心に立った所にだけ存在する。」[3]

アールトの作品は、人間を中心に考えることを起点として、内側から外側に向けてデザインされる傾向が強い。内部では、そこに居る人間の活動や求められる機能に応じて空間が形づくられ、窓の配置や形状が決められている。監視機能を果たすカウンターを要として閲覧室を扇形に広げ、先端に配したハイサイドライトから採光するアールト独自の図書館の構成は、その典型例の一つともいえるだろう。

　一方、外部に目を向けると、内部空間の形状がそのまま外観に現れた作品や、窓や可動間仕切りなど内部の要求から決められたエレメントが外観を特徴づけている作品が見られる。これらは、人間を中心に据えて機能的にデザインしていくことで生まれた一つの帰結を示すものであろう。

自然環境との共生

　「われわれは建築の理想的な目標を次のように定義できる。つまり、建物の役割は、人間（住民）に自然のよい影響をすべて与える装置として働くことであり、またそれは、人間（住民）を自然や建物がつくり出す環境に現われるすべての悪い影響から保護することである。そして今、私はこれ以上によい定義を見つけることができないのだが、建物もそれが緊密に所属している自然と同様に豊かなニュアンスをもっていなければ、その役割を果たすことができないということも、われわれは認めるべきである。」[4]

　アールトの建築作品のうち約9割が母国フィンランドに建つ。それらの作品からは、高緯度ゆえの特異な気候風土、厳しい自然環境に抗うことなく、人間の生活を守りながらうまく共生していこうとするアールトの思想が垣間見える。

　冬の積雪や内外の温度差に対しては、その状況を受け入れた上で、細やかな設えにより内外の境界を演出し、豊かな内部空間をつくりだそうとする姿勢が見られ、鉢植えが置かれたガラスボックスや窓台をはじめとする窓辺のデザインにそれが現れている。また、太陽光に対しても様々な工夫が見られる。なかでも、スカイライトおよびリフレクターは、北の地の乏しい太陽光を効果的に内部に取り込むエレメントであり、その独特の形状がアールト作品を特徴づけている。加えて、色彩や素材の扱い方にも乏しい光を有効に取り入れようとする心遣いが感じられる。

　一方、緑や水の扱いは建築的には控えめでその表現は繊細だが、そこでは日本建築か

らの影響が窺える点も興味深い。

時と場所を超えて

　「建築家の仕事は、調和を生み出し、未来から過去までの糸をひとつにつなぎ合わせることに向けられている。その根本に存在するのは、無数の感情の糸を持つ人間と、人間を含めた自然である。」[5]

　フィンランドという北の地で、土地の気候風土や伝統に根ざした作品を生みだしたアールトは「ローカルな建築家」「ヴァナキュラーな建築家」と言われることもあるが、それはアールトの限られた一面を捉えたにすぎない。「ナショナルとインターナショナルの概念の結合が現代世界に必要な調和ある結果を生み出し、それらの概念は、互いに分離されることはできない」[6]と語り、「近代的か伝統的な表現か」という問いにも意味がない[7]とするアールトの作品には、古典的なモチーフや地域の伝統的なモチーフが見られ、時にイタリアや日本などの他国のスタイルが持ち込まれることもあるが、それらは近代的なデザインと融合しながら、アールト独自の表現に昇華されている。

　このようにして様々なエレメントが結びつけられたアールトの建築では、単なるスタイルではない、時と場所を超越した一つの「調和」が実現されており、ここにアールトが生涯追い求めた「大きな機能主義」が結実した形を見ることができるだろう。

参考・引用文献
1)「建築を人間的なものにする」（ザ・テクノロジー・レヴュー誌、1940 年 11 月）、ヨーラン・シルツ編、吉崎恵子訳『アルヴァー・アールト　エッセイとスケッチ』鹿島出版会、2009 年
2)「ムーラッツァロの実験住宅」（アルキテヘティ誌、1953 年）、同上書
3)「記事に代えて」（アルキテヘティ誌、1958 年）、同上書
4)「ヨーロッパの再建が現代の建築の最も中心的な問題を浮かび上がらせた」（アルキテヘティ誌、1941 年）、同上書
5)『〈アルヴァー・アールトの住宅・東京展〉パンフレット』リビングデザインセンター OZONE、2002 年（マルック・ラハティによる挨拶文に掲載されている 1940 年の言葉）
6)「ナショナルーインターナショナル」（アルキテヘティ誌、1967 年）、ヨーラン・シルツ編、吉崎恵子訳『アルヴァー・アールト　エッセイとスケッチ』鹿島出版会、2009 年
7)「建築の闘い」（英国王立建築家協会での講演の速記、1957 年）、同上書

注
本書に掲載している図版を作成する際に用いた参考文献については、各キャプションに［　］にて文献番号を記している（各番号は p.238 に掲載している参考文献リストの文献番号に対応）。なお、各種図面、写真、現地での観察をもとに推測して描いたものには［O］を付記している。

Handle & Door

アールトが建築の設計に向き合うとき、その思考は、都市計画的なスケールから、ディテール検討などの原寸スケールまで、大小さまざまなスケールを行き来しながら展開される。

　取っ手や手すりは、原寸スケールでのアールトの繊細さと細やかな心遣いを読みとることができるエレメントだ。掴んだときの感触や手の動き、経年変化などを十分に考慮した上で素材やディテールが決定され、建物に応じてさまざまなヴァリエーションが生みだされている。

　一方、人の移動をコントロールする扉にも同様にきめの細かいデザインが施されている。人間的なスケール感を大切にしながら取り扱われる扉は、それ自体で完結しておらず、その空間の性格や周囲の壁面などとの関係性の中で絶妙な材料の調和や比例感覚に基づきデザインされる。

取っ手

　材料の経年変化を重視するアールトは、扉の取っ手に木や真鍮など、時の経過や痕跡が現れやすい材料を用いることが多い。金属の冷たい感触を避けるために巻かれた籐や革なども同様だ。

　形については、掴んだときの感触や握りやすさなどの面から有機的な形にデザインされたものが多いが、洗練された幾何学的な形のもの、そして有機的な形に幾何学的形態が同居するものもあり、多種多様である。

　そのようななか、国民年金会館本館の玄関扉の取っ手はユニークで、取っ手が濡れないように上部にカヴァーがつけられている。その発想の原点は、若きアールトが手がけた労働者会館の取っ手に見られる騎士の剣のモチーフに遡ることができる。またサウナ小屋の入口扉では、フィンランドの伝統に従い自然木をそのまま用いているものもある。

1. 国民年金会館本館　1階ホール内顧客サービスブースの扉
2. ロヴァニエミ市立図書館　主玄関扉
3. ラハティの教会　主玄関扉

Lahti Church
1969-79 / Lahti, Finland

12 Handle & Door

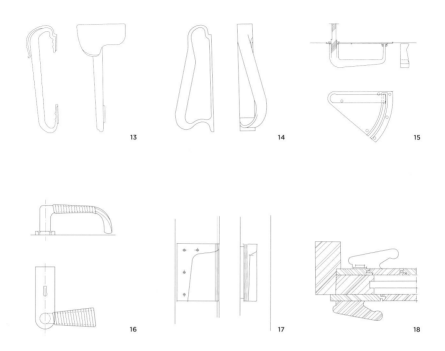

4. 国民年金会館本館　主玄関扉
5. 労働者会館　主玄関扉
6. ムーラッツァロの実験住宅　サウナの入口扉
7-8. ルイ・カレ邸　浴室の外部扉
9. 同　サービス部の扉
10. 同　図書室の扉
11. サウナッツァロの村役場　主玄関扉
12. 同　執務室の扉
13. 国民年金会館本館　主玄関扉 [49]
14. ラウタタロ・オフィスビル　主玄関扉 [49]
15. パイミオのサナトリウム　病室の扉 [34]
16. マイレア邸　図書室の扉 [16]
17-18. ルイ・カレ邸　浴室の外部扉 [24]

Handle & Door

Library for Helsinki University of Technology
1964-69 / Espoo (near Helsinki), Finland

手すり

　手すりにおいても、取っ手と同様に素材や断面形状が握りやすさや感触に基づいて十分に吟味されている。そして、手すりの特徴である空間を線的につなぐ連続性の中にアールトの多様なアイデアが散りばめられる。

　ヘルシンキ工科大学（現：アールト大学）の図書館では、階段に沿って斜めにのびる手すりが上がり口で水平に回り込み、垂直に連続するルーバーと関係づけられている。一方、ユヴァスキュラ教育大学の本館の手すりは柱に突きつけるように処理されている。手すりの起点や終点、異なる高さの取り合い、折り返し部分などに、アールトの秀逸な感覚が見てとれる。

1. ヘルシンキ工科大学の図書館　主階段
2. ユヴァスキュラ教育大学の学生食堂　階段 [37]
3. サウナッツァロの村役場　議場への階段 [28]
4. ヴィープリの図書館　閲覧室の階段 [48]
5. ユヴァスキュラ教育大学の本館　主階段
6. サウナッツァロの村役場　議場への階段
7. ヘルシンキ工科大学建築学科　主階段
8. ユヴァスキュラの劇場　階段
9. ロヴァニエミ市庁舎　階段
10. ロヴァニエミ市立図書館　閲覧室の階段

Handle & Door　15

木製扉と扉まわりの立面構成

　アールトは、住宅や小規模建築の外部扉に好んで木製扉を用いた。それらは耐寒や防犯、プライバシー保護といった面から概して外部に対して閉じたデザインにされることが多いが、スリットや小窓などで開放性が考慮された例も見られる。また、扉のデザインはそれ自体で完結しておらず、周囲の壁面の形態やテクスチャーとの関係の中で決定されることで、扉まわりの美しい立面構成が生みだされる。

　アイルランドのスカンジナビア館の扉まわりは、階段の広がりからもたらされるグラデーションを袖壁のスリットで受けつつ、両サイドの木枠が全体との調和をもたらしている。またマイレア邸のサウナでは、扉と周囲の壁面の素材および寸法や張り方向、プロポーションなどが一体的に考えられた立面構成が見られる。

1. ルイ・カレ邸　外部扉
2. 同　プール付属室の扉
3. アールトハウス　収納室の扉
4. サウナッツァロの村役場　下階店舗の扉
5. スカンジナビア館　外部扉
6. マイレア邸　サウナの入口扉

Villa Mairea
1938-39 / Noormarkku, Finland

Maison Louis Carré
1956-59 / Bazoches-sur-Guyonne (near Paris), France

ルイ・カレ邸　格子扉

1956-59 / バゾーシュ・スュール・グィヨンヌ（パリ近郊）、フランス

　パリ郊外に建てられたルイ・カレ邸は、フランスで唯一のアールト作品である。オーナーが美術商であったため、住居としての機能に加えて芸術作品の展示機能が求められた。

　居間に向けてなだらかに下がっていく曲面天井（p.108）に覆われたエントランスホールには、作品を展示することもできる二つの収納棚が互い違いに並列されている。それらの背後および左手方向には寝室などのプライベートな空間が設けられているが、その出入口には木製の格子扉が取り付けられ、プライベートとパブリックを緩やかに区分し、それぞれの空間から適度に互いの様子を窺い知ることができる。

1. プライベートスペースより格子扉越しにパブリックスペースを望む
2. 平面図 [08]
3. 並列する収納棚の間に設けられた格子扉
4. 居間より収納棚および格子扉を望む

Handle & Door　19

ヴィープリの図書館　ブレース入りの鋼製ガラス扉

1927-35 / ヴィープリ、ロシア（元フィンランド）

　公共建築や商業ビルでは鋼製のガラス扉が多用されるが、そこでは自重による変形を防止するためのブレース材もうまくデザインに取り込まれている。初期の代表作であるヴィープリの図書館では各所でこの扉を見ることができ、特にメインエントランスでは風除室の前後のスチール枠を上部で交差するようにつなぐブレース材と相まって空間に緊張感を与えている。同様の扉は、後期の作品であるユヴァスキュラ教育大学の本館のメインエントランスをはじめとして、いくつかの作品で散見される。合理性をうまくデザインに取り込むアールトの才能を感じさせる扉である。

1. メインエントランス内部より鋼製ガラス扉と風除室を望む
2. 児童用図書室の鋼製ガラス扉

Viipuri Library
1927-35 / Viipuri, Russia (formerly, Finland)

Stairs & Floors

「人間の動きにはある特殊なリズムがある。階段は自由勝手に決められない。そこには特別な比例関係がなければならない。」（英国王立建築家協会での講演の速記、1957年）

　アールトの建築は、外部空間・内部空間を問わず高低差の変化に富んでいる。高い山がほとんどなく、平らな土地や森林が延々と広がるフィンランドに育ち、イタリアの山岳都市に憧れを抱いていたアールトの胸中には、高低差の変化や登るという行為に対して特別な想いがあったのかもしれない。実際、彼の旅のスケッチブックには、丘の上に建つ建物や階段などがいきいきと描かれている。

　内部の階段では、高低差をさりげなく緩やかにつなげるもの、階段自体が強い象徴性を持つもの、採光と絡めて登るという行為をドラマチックに演出するものなど、それぞれのコンセプトに即した形と素材が選ばれ、繊細なディテールが施される。

　一方、外部空間においては、等高線状の階段を設けたり、巧みに敷地に高低差をつけることで、建物へのアプローチや建物の見え方が豊かに演出されている。

ヴィープリの図書館　T字形断面の屋外階段

1927-35 / ヴィープリ、ロシア（元フィンランド）

　ヴィープリの図書館は、完成までに8年もの歳月を要し、アールトの作風が古典主義様式から機能主義様式へと移行していく転換点にあたる作品である。

　この建物の2階テラスには、壁面からT字形断面の踏板が飛びだした、屋上へと登る外部階段が設けられている。通常では踏面だけの一枚板が連続する片持ち階段が一般的だが、その設計の際には踏板が厚くならないように苦心することも多い。それに対してアールトは、踏板をT字形にすることで構造面での安定性を確保するとともに、その特異な形状によりオリジナリティも獲得している。構造的な合理性がデザインにうまく昇華された一例である。

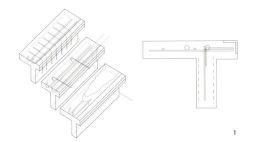

1. 詳細図 [35]
2. 全景
3. 詳細

Viipuri Library
1927-35 / Viipuri, Russia (formerly, Finland)

Workers' Club
1924-25 / Jyväskylä, Finland

労働者会館　エントランスホールの階段

1924-25 / ユヴァスキュラ、フィンランド

　労働者会館は、大学を卒業したアールトが故郷のユヴァスキュラに事務所を構えていた時期に手がけた古典主義様式の代表作である。

　エントランスホールに入ると、堂々としたシンメトリーの階段が目をひく。踊り場にはガラスブロックの半円窓が設けられており、きらめく光がホールにまであふれだし、段階的に高さを増す袖壁がその背後に続く階段を暗示する。暗い階段を上がった先にはホワイエが広がり、円弧状の劇場がその姿を現す。古典主義様式に則った表現の中に、シークエンスに対するアールトの劇的な演出がうまく織り込まれている。

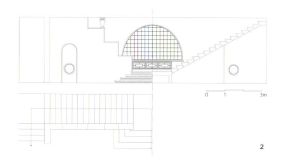

1. 階段上がリロとガラスブロックの半円窓
2. 立面図および平面図 [17]
3. 踊り場より見上げ
4. 2階ホワイエ

Stairs & Floors　27

マイレア邸　居間の階段

1938-39 / ノールマルック、フィンランド

　アールトが機能主義様式から独自のスタイルに歩みだした時期に設計された重要な住宅作品。自然素材を多用し、空間が有機的に構成されたこの住宅は、近代建築史において特異な位置を占める。森の情景を思い起こさせるような柱に囲まれたこの階段も、マイレア邸の名とともにその存在を世界中に印象づけたことであろう。

　3本のI形鋼の力桁に踏板が載る形で構成され、踏板は松の芯材に25mm厚のブナ材を貼り、その上にカーペットが12mm径の真鍮棒でとめられている。階段の左右には65mm径の赤松の丸柱がランダムに配置され、柱の上部の断面は樹の幹を思わせる十字形にされている。この住宅では日本建築からの影響が随所に見られるが、設計当初は竹で階段を取り囲む計画だった (p.197、図4)。しかしながら、竹の入手が困難だったため赤松の丸柱に変更されたそうだ。

1. 階段上がり口
2. アクソノメトリック詳細図 [48]
3. 柱と手すり
4. 柱上部の十字形
5. 平面図 [08]
6. 側面

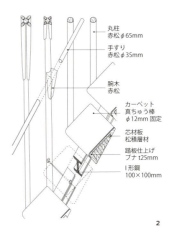

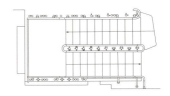

28　Stairs & Floors

Villa Mairea
1938-39 / Noormarkku, Finland

サウナッツァロの村役場　議場へのアプローチ

1949-52 / ユヴァスキュラ、フィンランド

　ユヴァスキュラ近郊の森と湖に囲まれた小さな町サウナッツァロに佇む村役場は、戦後に入って赤煉瓦を多用していた「赤の時代」を代表する作品だ。1層分持ち上げられた中庭を二つの建物が取り囲み、突出する議場のヴォリュームが存在感を放っている。

　中庭レベルのエントランスロビーから上階の議場へと向かうアプローチが、実にドラマチックだ。陽光あふれるロビーとは対照的に、赤煉瓦で囲われ外部への視界が遮断された暗がりの階段を上がる。ハイサイドライトからの光だけを頼りに階段と通路を通り抜け、回り込むように議場に辿り着くと、そこには闇と静寂に包まれた空間 (p.136) が待ち受けているのだ。

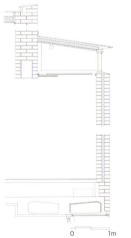

1. 議場棟　平面図 [28]
2. 踊り場　断面詳細図 [28]
3. 上がり口　見返し
4. ハイサイドライト　詳細
5. エントランスロビーより上がり口を望む
6. 階段とハイサイドライト

Säynätsalo Town Hall
1949-52 / Jyväskylä, Finland

タリン美術館　展示エリアを区分する階段
1937 / タリン、エストニア（実現せず）

　ヘルシンキの対岸、エストニア共和国の首都タリンの美術館の設計競技案。設計競技には、アールトのほかに、地元タリンの建築家グループ、スウェーデンの建築家ラグナール・エストベリらが招待された。

　エントランスホールから見て右手には、階段を数段上がるごとに異なる三つの展示エリアが配置される。少しずつずらして置かれた各エリアの入口はエントランスホールから一望することができるため、そこから見たいエリアを選び鑑賞することが可能になる。階段のレベル差によって視線を誘導する巧みな空間構成だ。この平面計画の基本アイデアは後にいくつかのプロジェクトで発展的に用いられるが、いずれも実現には至らなかった。

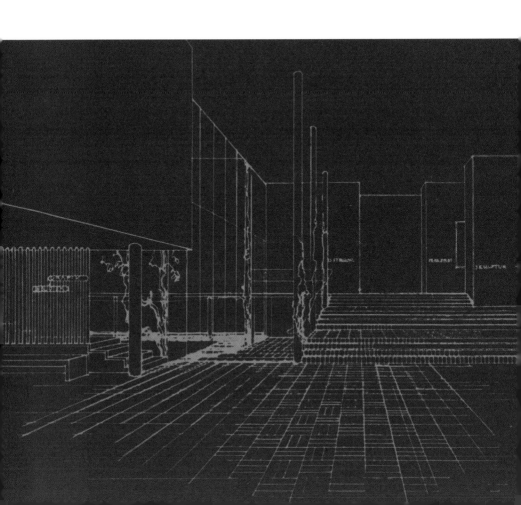

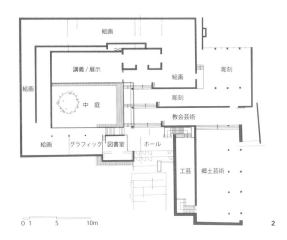

1. エントランスホール　スケッチ
2. 平面図 [08]
3. 模型写真

Stairs & Floors　33

Riola Church
1965-78 / Riola di Vergato (near Bologna), Italy

リオラの教会　段状の聖歌隊席

1965-78 / リオラ・ディ・ヴェガート（ボローニャ近郊）、イタリア

　アールト没後に竣工した、北イタリアの主要都市ボローニャ近郊に建つ教会。ダイナミックなコンクリートアーチ（p.74）が連続する礼拝堂の側部には、床が等高線を描くかのように上方へと続いていく階段状の聖歌隊席が設けられている。一方、その段状の床は礼拝堂からさらに下のレベルへと続き、天窓からイタリア特有の強い日差しが降り注ぐ洗礼室にまで到達する。

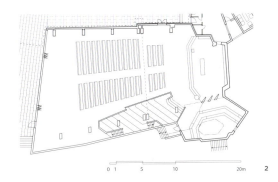

1. 聖歌隊席への上がり口
2. 礼拝堂　平面図 [08]
3. 聖歌隊席より祭壇を望む
4. 洗礼室

Stairs & Floors　35

Seinäjoki City Hall
1958-65 / Seinäjoki, Finland

建物に奉仕する外部階段

セイナヨキ市庁舎 / 1958-65 / セイナヨキ、フィンランド
ルイ・カレ邸 / 1956-59 / バゾーシュ・スュール・グィヨンヌ（パリ近郊）、フランス
サウナッツァロの村役場 / 1949-52 / ユヴァスキュラ、フィンランド

　敷地の高低差を巧みに設計に活かすアールトは、等高線状の外部階段を設けることも多い。この手法は上下の移動だけでなく、水平方向の広がりにも大きく関わる。このような外部階段は建物へのアプローチを豊かに演出し、建物をダイナミックに見せる効果があり、いわば建物に奉仕する階段ともいえるだろう。等高線状に構成する地面の扱いについては、測量技師だった父の測量地図に幼い頃から接していたことの影響も指摘されている。

　そのような等高線状の階段の多くは、蹴上部分を板でせき止めた土や芝を踏面にしたもので、硬い素材でつくられたメインのアプローチに対して通行量のやや少ないサブアプローチなど裏側の通路として扱われている。

2

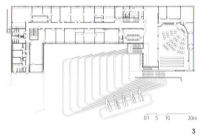
3

4

5

1. セイナヨキ市庁舎　雪に覆われた芝生の外部階段
2. ルイ・カレ邸　庭の外部階段
3. セイナヨキ市庁舎　平面図 [08]
4. サウナッツァロの村役場　芝生の外部階段
5. 同　平面図 [28]

野外劇場のモチーフ

　アールトは、過去の建築様式に対して憧憬の念を抱きつつ、そのモチーフを自身のプロジェクトに融合させることがある。なかでも、古代ギリシアに端を発する野外劇場は彼が多用したモチーフの一つに数えられる。そこでは過去の形態を単に引用するのではなく、そこに人が集い、物語に耳を傾け、演劇を見るという、その形態が生まれた時代から連綿と受け継がれてきた人間と建築の関係性が重視される。

　その代表例である北ユトランド美術館では、円弧状と直線状の二つの客席が並置された野外劇場が裏手の外部空間をまとめている。一方、自身の仕事場だったアールトスタジオの中庭には、スタジオ部分の曲面壁に沿って自然石と芝面で段差を設けた小さな野外劇場がつくられた。

1. 北ユトランド美術館　平面図 [10]
2. 同　裏庭の野外劇場

North Jutland Art Museum
1958-72 / Aalborg, Denmark

Alvar Aalto's Studio
1954-56, 62-63 / Helsinki, Finland

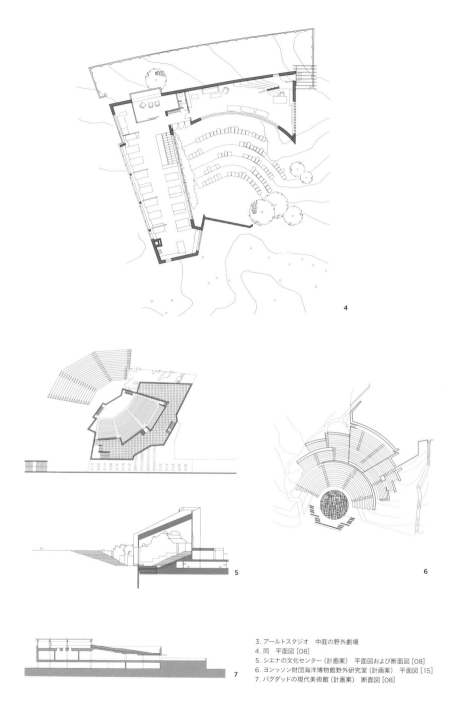

3. アールトスタジオ 中庭の野外劇場
4. 同 平面図 [08]
5. シエナの文化センター（計画案） 平面図および断面図 [08]
6. ヨンッソン財団海洋博物館野外研究室（計画案） 平面図 [15]
7. バグダッドの現代美術館（計画案） 断面図 [08]

Stairs & Floors 41

Path & Corridor

アールトは、通路や回廊にもさまざまな仕掛けを施し、移動するための空間を豊かに演出する。光を効果的に採り入れる、天井高や通路幅に変化を与える、柱をランダムに配置するなどにより個性的なシークエンスが生みだされ、それらの仕掛けが、ふと佇んだり、会話をしたり、外の景色を楽しんだりといった行為を誘発し、移動という機能以上の空間をつくりだしている。

　形式としては、中庭に面して回廊を巡らせたもの、通路が建物内部を一直線に貫通するもの、ヴォリュームの下にピロティを設けたもの、異なる建物をキャノピーでつなぎとめたものといったヴァリエーションが見られるが、いずれも作品を特徴づける主要なエレメントとして扱われている。

サウナッツァロの村役場　中庭に面する回廊

1949-52 / ユヴァスキュラ、フィンランド

　議場への暗がりのアプローチ (p.30) とは対照的に、役場のオフィス部分に設けられた回廊は中庭に面しており、光にあふれている。天井際まで取られた大きなガラス窓は回廊に沿ってL字に連続し、中庭へと開放される。窓を縁どるように設けられた煉瓦仕上げの窓台は腰をかけられる座面にもなっており、その下には暖房設備が設置されている。外部の支柱に絡む蔦の緑 (p.198) が覆いかぶさる部分と緑のない部分とが意識的に区分され、回廊に柔らかさとリズムを与えながら、部屋や空間の性格に応じてプライバシーを守る部分と開放的な部分とが絶妙にコントロールされている。

1. 断面詳細図 [28]
2. 直線部
3. 雪景色の中庭を望む
4. 折れ曲がり部
5. 光あふれる回廊

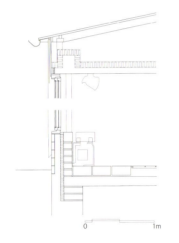

Säynätsalo Town Hall
1949-52 / Jyväskylä, Finland

Arajärvi Town Hall
1966-69 / Arajärvi, Finland

アラヤルヴィ庁舎　幅と高さが変化する中央廊下

1966-69 / アラヤルヴィ、フィンランド

　　中部フィンランドの西にある小さな町の庁舎。アールトの両親が移り住んだ縁のある町で、庁舎以外にもいくつかの作品を設計している。
　　両側に諸室が配された廊下は、幅と天井高を変えながら庁舎の中央を貫通する。変化が訪れる各所にはスカイライトが配され、そこから降り注ぐ光により空間の転換点であることが強調される。一方、屋上ではスカイライトが高さと向きを変えながら議場の上部まで連続し、19世紀前半に活躍したドイツ人建築家C・L・エンゲル設計のアラヤルヴィ教会（1836年）への敬意を示すかのように段階的にせり上がっていく。その姿を地上から捉えることはできないが、アールトの中にその意図は明確にあったと思われる。

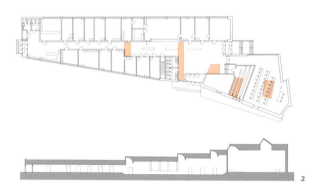

1. 廊下とハイサイドライト
2. 平面図および断面図 [08][O]
3. アラヤルヴィ教会に向けて連続するハイサイドライト

Path & Corridor　47

リオラの教会　水平材が連続するキャノピー

1965-78/ リオラ・ディ・ヴェガート（ボローニャ近郊）、イタリア

　この教会は礼拝堂と執務棟が分けて配置され、その間に司祭棟へのアプローチとなる通路が設けられている。通路上に架かるキャノピーから離れていくように円弧を描く礼拝堂の屋根の形態とそこから隙間に落ちる光がキャノピーの独立性を高める一方、連続して配された水平材が両側の建物を緩やかにつなぎとめる。司祭棟の出入口へと歩を進めるにつれてキャノピーの平面形と天井の表現が変化していく様も秀逸だ。

1. 平面図 [08]
2. 司祭棟出入口
3. 司祭棟出入口へと続くキャノピー
4. 司祭棟出入口前より見返し、左手が礼拝堂

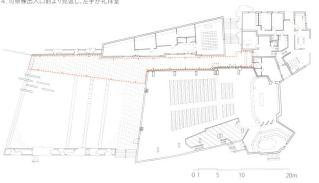

Riola Church
1965-78 / Riola di Vergato (near Bologna), Italy

文化の家　二つのヴォリュームを統合するキャノピー

1955-58 / ヘルシンキ、フィンランド

　フィンランド共産党の本部である文化の家は、コンサートホール棟と事務室棟の二つの大きなヴォリュームと、それらを敷地の奥でつなぐ低層の講義室棟で構成されている。非対称形の内部の形態が煉瓦仕上げの外部にそのまま現れているコンサートホール棟に対して、5階建ての事務室棟は銅版仕上げの直方体という外観を呈しており、二つのヴォリュームにはまったく異なる建築表現が施されている。

　一見バラバラなこれら二つのヴォリュームを統合するのが、道路に沿って敷地一杯に広がるキャノピーの架かる通路だ。各棟の出入口をつなぐこのキャノピーは、道路側のファサードに一体感を与えるとともに、道路からのゲートとなる役割および道路環境から守られた中庭をつくりだす役割も併せ持つ。コンサートホールの曲面壁と直線的なキャノピーとの組み合わせと隙間からこぼれる光、壁面を伝う緑が、移動を魅力的なものにしている。

House of Culture
1955-58 / Helsinki, Finland

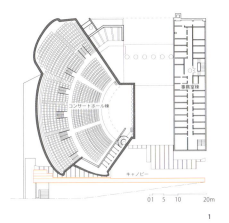

1．2階平面図［10］
2．キャノピー下の通路
3．全景

ヴォルフスブルク文化センター　変化に富んだピロティ

1958-62 / ヴォルフスブルク、ドイツ

　フォルクスワーゲンが本社を構えるドイツの工業都市に建てられた複合文化施設。色違いの大理石によるストライプの外観が特徴的だ。2階には議場や会議室など大きさの異なる五つのヴォリュームが扇状に配置され、その形がそのまま外観にも現れている。
　ピロティで浮かぶヴォリュームの下には店舗やオフィスが設けられ、回廊が巡り、不規則に並ぶ柱や不定形な天井が移動を楽しませてくれる。

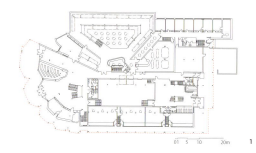

1. 1階平面図 [08]
2. 建物全景
3-5. 回廊

Wolfsburg Cultural Center
1958-62 / Wolfsburg, Germany

Column & Frame

アールトの柱や架構に対する考え方や実践には、一つの大きな方向性ではなく、多様な側面を見出すことができる。

　豊かな森を原風景とするアールトは、柱に樹木や森林のイメージを重ね合わせることがある。それらは、樹木の幹を連想させる十字形の柱、さまざまな素材からなる柱の混在、柱を束ねるといった独自のディテールや仕上げにより表現される。その最たる例はマイレア邸に見ることができる。

　一方、ダイナミックな構造体を見せつつ空間を構成していく作品も多い。有機的な曲線を描く構造フレームにより生みだされた包み込まれるような空間は、アールトの真骨頂ともいえるだろう。

　またアールトは、新たな構法を開発するなど、フィンランドの主要な産業資源である木材の利用に対しても強い意欲と探求心を持っていた。さらに、構造材にとどまらず、造作材として繊細に木材を扱うのもアールトが得意とするところだ。

マイレア邸　林立する多様な柱

1938-39 / ノールマルック、フィンランド

　直立する松の木立の中に佇むマイレア邸。玄関のキャノピーを支える柱が周囲の森との連続性を感じさせるが (p.123、図2)、その連続性はさらに住宅内部にまで持ち込まれる。玄関から居間、ミュージックルームへと続く領域では、すべての梁が天井裏に隠され、柱が構造的な制約とは無関係であるかのように扱われ、水平に広がる空間にさまざまな柱を林立させることで森の多様性が表現されている。コンクリートの円柱、コンクリートが充填された鋼製パイプ、松の小幅板が縦貼りされた柱、藤で束ねられた柱に加え、階段の周囲には上部の断面が十字形にされた非構造材の赤松の丸柱 (p.28) がランダムに連なり、森の木立の中を散策するような流動的な空間が実現されている。

1．2階階段周りの木製丸柱
2．居間　松の小幅板が縦貼りされた柱
3．居間　藤で束ねられた2本の鋼製柱（コンクリート充填）
4．玄関キャノピー　3本の木製柱と柱頭
5．外部　斜めの鋼製柱
6．外部　束ねられた木製柱
7．外部　柱を囲む自然木
8．居間　藤を巻いた一対の鋼製柱（コンクリート充填）と階段周りの木製丸柱群
9．平面図（赤色：林立する柱）[08][18][19]

Villa Mairea
1938-39 / Noormarkku, Finland

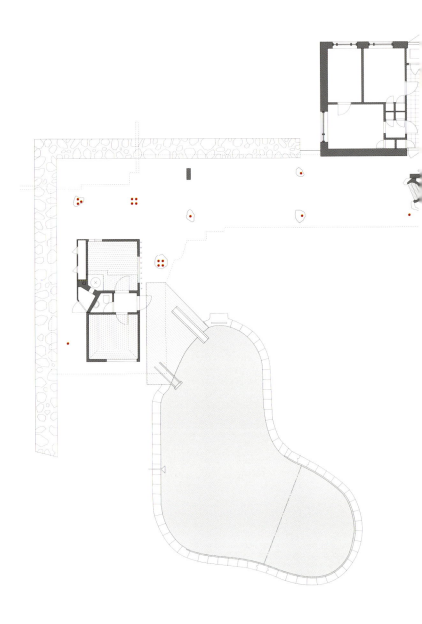

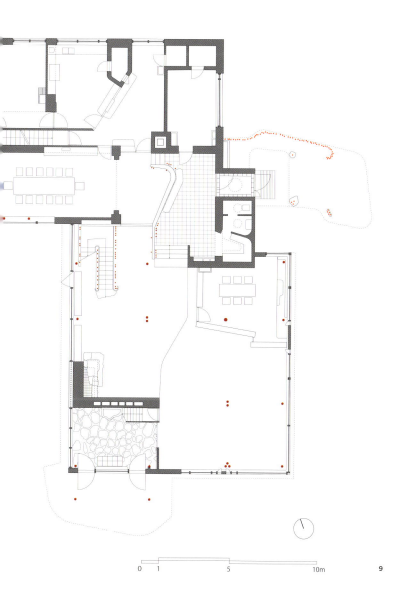

0 1   5   10m   9

Column & Frame

柱の表現の展開

　マイレア邸で見られる十字形断面の柱 (p.28) や、柱に異なる素材を付加する表現、柱を束ねる手法といったアイデアは、1937 年に開催されたパリ万国博覧会のために設計されたフィンランド館にその萌芽を確認することができる。

　十字形の柱は、木材による表現から、鋼製柱に松材の羽を付着させる表現などへと発展しながら、1968 年のスカンジナビア館、1977 年のルイ・カレ邸をはじめとして後期の作品でも至るところに登場する。母国の原風景である森林の木々への愛情が感じられるアールト独自の建築エレメントの一つである。

　一方、大規模な建築物でも、石やタイル、木材などを部分的に付加した柱が頻繁に見られるようになる。それは意匠面だけでなく、構造体を保護し、手触りや温もりを少ない材料で効果的に向上させる手法だ。

　また、複数の近接する柱が束ねられ、一体化されることもある。樹木の枝が癒着・結合した「連理木（れんりぼく）」を思わせる柱には、そのような自然のあり方が表現されているようにも感じられる。

5 6 7

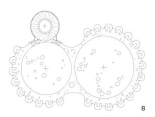

8

1. パリ万国博覧会フィンランド館　十字型断面の柱
2. ルイ・カレ邸　玄関キャノピーの柱
3. スカンジナビア館　玄関キャノピーの柱　見上げ
4. マウント・エンジェル修道院の付属図書館　キャノピーの柱　足元
5. ルイ・カレ邸　玄関キャノピーの柱　詳細図［24］
6-7. ユヴァスキュラ教育大学の本館　1階ホワイエの柱　詳細図［37］
8. ヘルシンキ工科大学建築学科　1階ロビーの柱　詳細図［36］
9. ロヴァニエミ市立図書館　回廊の柱
10. ユヴァスキュラ教育大学の本館　1階ホワイエの柱
11. アラヤルヴィ庁舎　廊下の柱
12. スカンジナビア館　ロビーの柱
13. セイナヨキ市庁舎　回廊の柱

Column & Frame　61

アールトスタジオ　板状の柱

1954-56、62-63 / ヘルシンキ、フィンランド

　仕事場でもあった自邸のアールトハウスが手狭になったため、そこから歩いていける距離に建てられたスタジオ。円弧状のスタジオの奥に目を向けると、逆三角形の板状の柱がそびえる。1958年に竣工した文化の家のホールの柱のスタディともいわれるこの特徴的な柱の周囲には、さまざまなエレメントが配されており、多様な機能と表情を持ち合わせている。上部脇には柱の形状に呼応するように三角形のスカイライトが設けられ、天井のアクセントになっている。上に向かって広がる柱は上階のバルコニーを隠す役割を果たしているが、斜めに切られたバルコニーの形状と柱とのハーモニーも美しい。柱の周りには自身が設計した照明器具が吊られ、その点灯確認が行われたそうだ。下階では、柱の背後からバルコニーの形状に呼応するかのようにのびる階段が勝手口とスタジオを結ぶ。

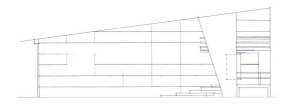

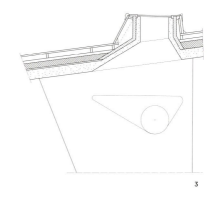

1. 展開図 [17]
2. スタジオより板状の柱を望む
3. 柱上部のスカイライト　断面詳細図 [33]
4. 同　詳細

Alvar Aalto's Studio
1954-56, 62-63 / Helsinki, Finland

Turun Sanomat Building
1928-30 / Turku, Finland

トゥルン・サノマット新聞社　マッシブな柱

1928-30 / トゥルク、フィンランド

　機能主義様式に傾倒しつつあった時期に設計されたこのビルは、パイミオのサナトリウム、ヴィープリの図書館に次ぐ初期の代表作に数えられる。

　幾度かの改修工事の結果、現在では大半が変わってしまったビルの地下には、印刷室として使われていた大空間が広がり、有機的な形をした柱頭を持つ柱が林立していた。発表当時、その特徴的な形状に対して、スイスの構造家ロベール・マイヤールのマッシュルーム構造や、ゴシック建築のリブヴォールトからの影響などが指摘されたが、アールト自身は鉄筋コンクリートという材料の特性に基づき技術者との協力関係のもと生まれた形だと説明している。

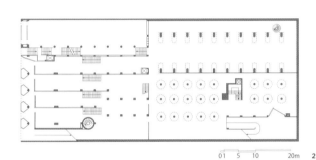

1. 地下の印刷室
2. 地階平面図 [08]
3. 地下の印刷室

Column & Frame

屋根を支える木架構

サウナッツァロの村役場 / 1949-52 / ユヴァスキュラ、フィンランド
ユヴァスキュラ教育大学の学生食堂 / 1951-55 / ユヴァスキュラ、フィンランド

　サウナッツァロの村役場では、約10m四方の議場の屋根が、独特の扇形をした二つの木架構で支えられている。議場を横断する2本の梁から筋交いが広がり、屋根の荷重は鉄製の鋳型ポットへと集中する。その形状から「バタフライ」と名づけられたこの架構は、木造スペースフレーム構法の先駆けともいわれる。
　バタフライのヴァリエーションはユヴァスキュラ教育大学の学生食堂に見られ、ここでは南側のハイサイドライトから片流れの屋根を支えるトラスが連続している。小梁と両側面に斜めに飛び出た2本の筋交いを1ユニットとして、隣接するユニットの筋交いが互いに連結されることで荷重を分担する。約2.2m間隔で配置された12個のユニットが、全長約26mの屋根を支えている。

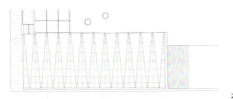

1. ユヴァスキュラ教育大学の学生食堂　トラス
2. 同　天井伏図 [37]
3. 同　断面図 [37]
4. 同　内部全景
5. 同　トラス

Column & Frame　67

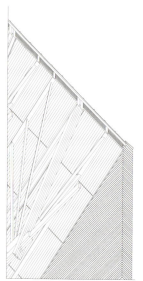

6. サウナッツァロの村役場　議場　内部
7. 同　トラス
8. 同　トラス　アクソノメトリック詳細図 [28]
9-10. 同　議場　断面図 [28]

7

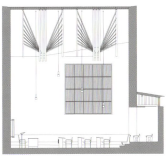

9

10

0 1 2   5m

Column & Frame   69

Otaniemi Sports Hall for Helsinki University of Technology
1950-52 / Espoo (near Helsinki), Finland

ロングスパンの木製合成梁

ヘルシンキ工科大学のオタニエミ・スポーツホール / 1950-52 / エスポー（ヘルシンキ近郊）、フィンランド
アールトスタジオ / 1954-56、62-63 / ヘルシンキ、フィンランド

　ヘルシンキの郊外、エスポーにあるヘルシンキ工科大学（現：アールト大学）の体育館は、当初1952年に開催されたヘルシンキオリンピックの陸上競技の練習用会場として建てられた。

　梁間方向（短辺方向）45mの大空間の屋根を支えているのは、現場で組み立てられた門型の木製合成梁だ。完成した姿を目の当たりにしたアールトは、「アムステルダムにも同様のトラスがあるが、あちらは43mしかない。世界一の長さだ！」と叫んだという。現在は塞がれてしまったハイサイドライトからは自然光が降り注ぎ、連続する木製梁はより美しい表情を見せていたに違いない。なお、アールトスタジオの増築部分でも、小型ではあるが木製合成梁が使われている。

1. ヘルシンキ工科大学のオタニエミ・スポーツホール　竣工当時の内部
2. 同　内部全景
3. 同　合成梁端部
4. アールトスタジオ　増築部2階の合成梁

Column & Frame

ヘルシンキ工科大学　大講堂のリブフレーム

1955-66 / エスポー（ヘルシンキ近郊）、フィンランド

　ヘルシンキ工科大学（現：アールト大学）はキャンパス全体がアールトにより設計されたが、そのキャンパス内でとりわけシンボリックな外観で目をひくのが大講堂だ。階段状の外部は屋外劇場にもなっている。

　内部では、ステージから放射状に山形の構造リブが広がり、そこに円弧状の3枚のリブが組み合わされることで骨格が形づくられている。最後部のリブの背後には、映写室や設備スペースが内包されている。

　南に向けられたハイサイドライトからの光は「オーロラ・ライト」と呼ばれており、リブの白い壁面に反射しながら講堂全体を優しく包み込む。構造と光のデザインが融合した見事な内部空間が実現されている。

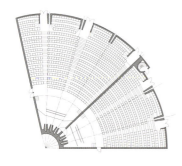
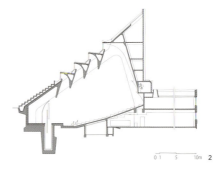

1. 平面図 [08]
2. 断面図 [08]
3. 外観
4. ハイサイドライト部　詳細
5. 内部　全景
6. 内部　見上げ

リオラの教会
ダイナミックなリブフレーム

1965-78 / リオラ・ディ・ヴェガート（ボローニャ近郊）、イタリア

　祭壇方向へと連続するダイナミックな六つのリブアーチ。その上には、敷地の北側を流れるレノ川と平行して、大きさが少しずつ異なる四つの四分円のヴォールトが載せられ、ハイサイドライトから自然光が導かれる。

　リブアーチが描く曲線は、アームチェア41「パイミオ」(p.218)の脚のデザインを連想させる。祭壇から数えて二つ目のリブアーチは2枚一組で構成され、隙間に可動間仕切りが収まるように設計されており、礼拝堂を二つに分割して使い分けることも可能だ(p.92)。

　一つの重さが約60tに及ぶリブアーチは、三つに分割されたプレキャストコンクリートを溶接してつくられている。現場では約30mのアームクレーンによって建設された。

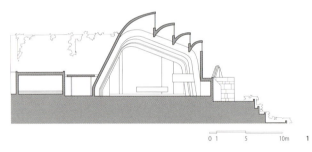

1. 断面図 [08]
2. 施工の様子
3. 礼拝堂 内部
4. リブフレーム 詳細

Riola Church
1965-78 / Riola di Vergato (near Bologna), Italy

ムーラッツァロの実験住宅　木架構の実験

1953 / ユヴァスキュラ、フィンランド

　自身のサマーハウスとして設計されたこの住宅は、アールトがさまざまな実験的試みを行ったことから「実験住宅」と呼ばれている。なかでも種々の煉瓦やタイルが試し貼りされた中庭 (p.144) が有名だが、ほかにも木架構の扱いに関する実験の痕跡を見つけることができる。

　ゲストルームに使用された付属棟では基礎が設けられておらず、岩の上に丸太を並べ、その上に対角線状に組んだ梁を載せることで建物を支えるという方法が試みられた。しかしながら、その試みは成功とはいえず、経年とともに窓とドアがたわんでいったそうだ。

　また、居間に吊り下げられたロフトでは吊り架構に関する実験が見られ、天井の横架材を挟み込んでボルトでとめた2本の吊り材で床下の梁を挟み込み、上部とは90度直交した方向にボルトで締めるという独特の方法が試されている。

1. ロフト　見上げ
2. 付属棟の土台
3. 居間とロフト　全景
4. 付属棟　基礎伏図 [27]
5. ロフトの架構　姿図 [O]

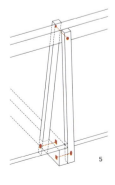

Column & Frame

Restraunt Savoy
1937 / Helsinki, Finland

線材による繊細なデザイン

　内装で線材を用いた繊細なデザインにも目を向けてみよう。アールトがインテリアを手がけたレストラン・サヴォイでは、壁側の席の頭上に木の斜材を連続させることで、空間を柔らかく包み込む効果を生みだしている。その姿から、ユーモアをこめて「キリンの飼葉桶(かいばおけ)」と呼ばれているそうだ。

　また、アカデミア書店の2階のカフェでは、金属製の線材が廊下部分に飛びだしており、アールトがデザインを手がけた照明「ゴールデンベル」(p.222) が吊られている。

　さらには、スカイライトの下に木材を組み、光に満たされた上部とゆるやかに分節させながらつながりを持たせる手法も散見される。リングビータールベックの礼拝堂の設計競技案では、木の線材に蔦を絡ませることが計画されていたことが図面に示されている。

1. レストラン・サヴォイ　客席上部の木製の斜材
2. リングビータールベックの礼拝堂設計競技案　断面図 [37]
3. 同　透視図　頭上で蔦が絡む木製の線材
4. アカデミア書店　2階カフェ上部の線材
5. セイナヨキ市立図書館　カウンター上部の線材
6. アラヤルヴィ庁舎　議場のスカイライトに架かる線材

2

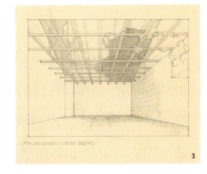

3

4

5

6

Column & Frame

Wall & Ceiling

アールトは、そこに居る人間が望むであろう光景や、光や音、それらの移ろいなども含めた総合的な感覚を考慮して、空間を包む壁や天井の形や素材などを決定する傾向が強い。このような人間を起点に内側から考える設計のアプローチが、アールトの空間に足を踏み入れたときに感じる心地よさと独特の魅力を生みだしているのではないだろうか。

　壁や天井の造形では、ニューヨーク万国博覧会フィンランド館の「うねる壁」やヴィープリの図書館講義室の「波打つ天井」に代表される自由な形態がアールトの代名詞として語られることが多い。その有機的な形状は、森や湖、人体の形などをモチーフにしているとも、無意識な手の動きによるものともいわれるが、一方で音や光の効果を考え合理的にデザインされている事例も見られる。

Finnish Pavilion at New York World's Fair
1938-39 / New York, U.S.A.

自由曲面の壁

ニューヨーク万国博覧会フィンランド館 / 1938-39 / ニューヨーク、アメリカ（現存せず）
アルヴァ・アールト美術館 / 1971-74 / ユヴァスキュラ、フィンランド

　1939年に開催されたニューヨーク万国博覧会のフィンランド館では、単純な箱状の外形に対して館内ではオーロラのようにダイナミックにうねる有機的な曲面壁を張り巡らせ、内部空間を包み込んでいる。自由な発想で思考するアールトの才能が発揮された作品だ。高さ約16m、4層で構成された壁面には、1層目にフィンランド国産のプロダクト、上部3層には国土・国民・労働をテーマとする写真パネルが展示された。曲面は半楕円形の桟木を連ねることで形成されており、桟木の凹凸が光と影の細やかなパターンを生みだしている。アールト自身はこの作品を「内部にファサードを持つ建築」と呼んだが、内部空間に外部的な特質を与えようとした意図が読みとれる。

　なお、この展示館は現存しておらず、規模と迫力では及ばないが、類似の壁をアルヴァ・アールト美術館で見ることができる。

1. ニューヨーク万国博覧会フィンランド館
2. アルヴァ・アールト美術館

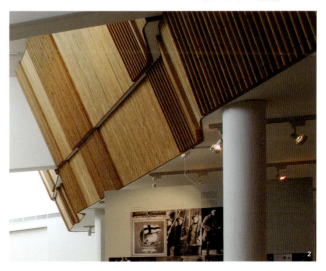

Wall & Ceiling　85

ヴィープリの図書館
児童図書室入口の曲面壁

1927-35 / ヴィープリ、ロシア (元フィンランド)

　ヴィープリの図書館では波打つ天井の講義室 (p.104) と円筒スカイライトが配された閲覧室 (p.168) が注目されがちだが、そのほかにも若きアールトの湧き上がる意欲と才能を至るところで垣間見ることができる。

　この児童用図書室の入口では、壁を巧みに操るアールトの秀逸な感覚が見出せる。高さを抑えた曲面壁が、側面のハイサイドライトから降り注ぐ自然光と相まって空間を効果的に演出している。トイレなどのバックスペースを隠す役割、入口を強調する効果、視線の制御などが、この壁の形態によって見事にまとめられている。

1. 平面図 [35]
2. 内部

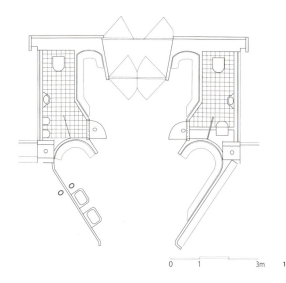

Viipuri Library
1927-35 / Viipuri, Russia (formerly, Finland)

個性あふれる間仕切り

　造作材として扱われる間仕切りにも、アールトの個性が現れている。
　1936年にデザインされ、アルテックの製品にもなっている「スクリーン100」。細長い松材を連結させたこのスクリーンは、使い方に応じて形を自由に変えることが可能だ。
　一方、マイレア邸の書斎を囲む可動の間仕切り壁の上部には、隙間があけられた波打つパネルが設けられており、隣の居間の天井に美しい放射状の光のパターンを映しだす。また、マウント・エンジェル修道院の付属図書館のエントランスに設えられたルーバー状の間仕切りは、背後のトイレを隠す役割を果たしつつ、内側はコート掛けにも利用されている。これらのスクリーンの扱い方には、日本建築の屏風や欄間からの影響が窺える。

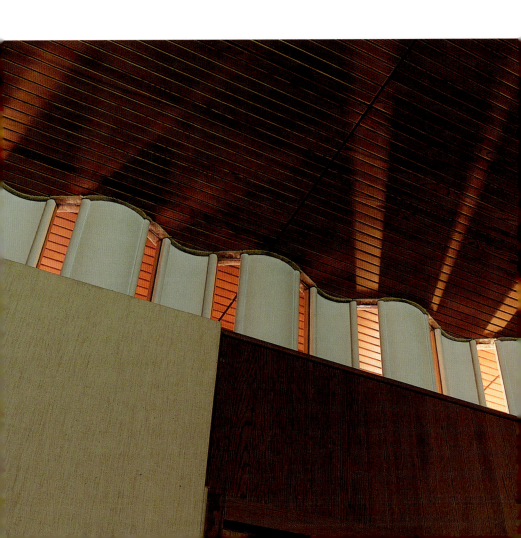

1. マイレア邸　書斎と居間を仕切る波打つパネル
2. マウント・エンジェル修道院の付属図書館
　　コート掛けにもなる間仕切り
3. ヴィープリの図書館　間仕切り
4. スクリーン100（1936年）、ルイ・カレ邸

Wall & Ceiling

ヴォクセンニスカ教会　曲面の可動間仕切り

1955-58 / イマトラ、フィンランド

　フィンランド西部、ロシアとの国境に近い工業都市イマトラに建つ教会。この教会では、礼拝の機能だけでなく、地域のコミュニティ活動の拠点としての役割も担うことが求められた。それに対して、アールトは、厚さ約40cmの2枚の電動間仕切りで礼拝堂を三つの空間に分節するという案を編みだした。重厚な可動間仕切りは、竣工後50年以上を経過した今もなお現役である。

　礼拝堂は、拳の形を思わせる三つの空間が連続する形で構成されており、音響的な効果も考慮しつつそれぞれの形状が決定されている。なお、各空間の東側の上部には二重ガラスの高窓 (p.150) が設けられているが、ガラスの空隙は不使用時の間仕切り壁を収納する戸袋の役割も果たしている。

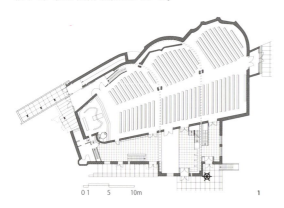

1. 平面図 [30]
2. 可動間仕切り部越しに祭壇方向を望む
3. 可動間仕切り収納部　詳細
4. 閉鎖時の可動間仕切り
5. 可動間仕切り収納部　足元
6. 可動間仕切り収納部　平面詳細図 [17]
7. 可動間仕切りレール　見上げ

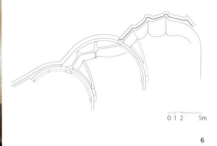

0 1 2   5m

Wall & Ceiling   91

外観を特徴づける可動間仕切りのデザイン

ヴェストマンランド・ダラの学生会館 / 1961-65 / ウプサラ、スウェーデン
リオラの教会 / 1965-78 / リオラ・ディ・ヴェガート（ボローニャ近郊）、イタリア

　ヴォクセンニスカ教会に代表される可動間仕切りはその他のいくつかの作品でも見られるが、それらの中には戸袋が外部へ飛びだし、建物の外観を特徴づけるエレメントとなっているものもある。

　スウェーデン第二の都市ウプサラに建てられたヴェストマンランド・ダラの学生会館では、ピロティで持ち上げられた箱形のホールに4枚の可動間仕切りが設けられており、それらの戸袋が矩形のヴォリュームの両側に宙に浮かぶように大胆に突出している。また、リオラの教会の礼拝堂においては、2枚の構造リブ (p.74) の隙間に間仕切り壁面が収められ、三角形状の戸袋が曲面屋根を突き破るように飛びだしている。いずれも、アールトの建物内部に対する思考が外観に大きく現れている例である。

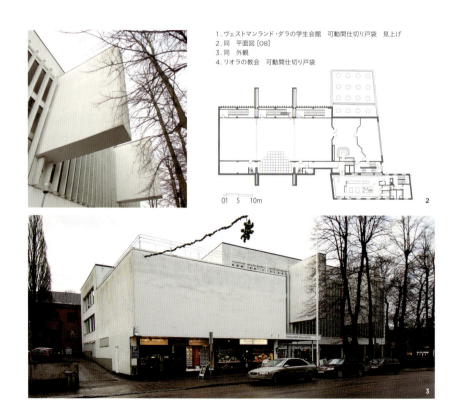

1. ヴェストマンランド・ダラの学生会館　可動間仕切り戸袋　見上げ
2. 同　平面図 [08]
3. 同　外観
4. リオラの教会　可動間仕切り戸袋

Riola Church
1965-78 / Riola di Vergato (near Bologna), Italy

木の外壁のディテール

　アールトは外壁に木材を用いることが多く、ディテールにさまざまな工夫を施すことで個性的な表情をつくりだしている。

　パリ万国博覧会フィンランド館の外壁では、半楕円形の縦材を突出させて連ねることで細かく連続する深い陰影が生みだされ、単純な立方体の外観にスケール感と柔らかい質感が付加されている。また、マイレア邸では2階アトリエの曲面壁部分のみが他の部分と区別され、木の外装材で包み込まれているが、ここでは丸みのある縦材を連ねることで生まれる独特の柔らかい陰影がその曲面形状を強調している。それらとは対照的に、自邸のアールトハウスにおいては、2階の寝室部分の外壁が実継ぎ(さねつぎ)により平滑に仕上げられており、幾何学的な形状を際立たせている。

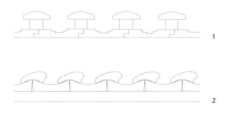

1. パリ万国博覧会フィンランド館　外壁　断面詳細図 [08]
2. マイレア邸　外壁　断面詳細図 [26]
3. アールトハウス　外壁　断面詳細図 [08]
4. パリ万国博覧会フィンランド館　外観
5. アールトハウス　寝室部の外壁
6. マイレア邸　外観

コッコネン邸　輝く木の壁

1967-69 / ヤルヴェンパー、フィンランド

　フィンランドで著名な作曲家であり、アールトの友人でもあったヨーナス・コッコネンの住宅。ヘルシンキから北へ約40kmの町、ヤルヴェンパーのトゥースラ湖畔に建つ。

　独特な形をした玄関キャノピーに呼応するように、外壁も自由で動きのある立面で構成されている。晴天時には、周囲の松の木と同じダークブラウンに塗られた木板が太陽光を浴びて魚の鱗のようにきらめくことで、外壁に一層動きが与えられる。この現象の要因はランダムに貼られた木板のディテールにあり、水切りのために斜めにカットされた上端面に光が反射することで生じる。アールトが意図したものかは不明だが、不思議な効果が現われるディテールだ。

1. 外壁　詳細
2. 全景
3. 光を受けて輝く外壁

Villa Kokkonen
1967-69 / Järvenpää, Finland

アールトスタジオ　白い壁面のヴァリエーション

1954-56、62-63 / ヘルシンキ、フィンランド

　アールトスタジオでは、光と影の移ろいを映しだす白い壁面が内外に用いられている。それらの壁面は、同じ白ながらも場所に応じてテクスチャーに変化が与えられており、光を受けとめることで豊かな表情を醸しだしている。

　屋外劇場にもなる中庭 (p.40) を囲う円弧状のスタジオの外壁には白いスタッコ（化粧漆喰）が塗られ、煉瓦の凹凸が残る壁面に落ちる木漏れ日が美しい。その足元では白塗りのコンクリートが、ギリシア建築の柱に刻まれるフルーティング（溝）のように連続する小さな円弧で削られており、独自に陰影を生みだしている。スタジオ内部に目を向けると、縦桟で押さえられた白い断熱材の布が、リズミカルに弧を描く。ハイサイドライトから射し込む光は内壁の布で和らげられ、その反射光がアトリエ内部を優しく包み込む。

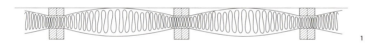

1

2

1. 内壁　詳細図[33]
2. 内部
3. 外壁

Alvar Aalto's Studio
1954-56, 62-63 / Helsinki, Finland

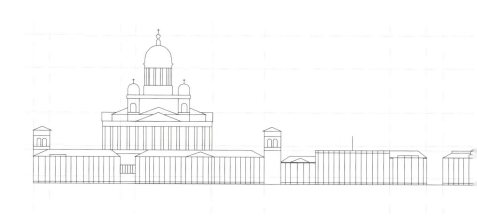

周囲に調和したファサード

　市街地に建つ建築に対して、アールトは周辺との調和や連続性をより重視してデザインする。

　エンソ・グートツァイト本社ビルは、ヘルシンキ港に面して建つ製紙会社の本社ビルだ。背後にそびえるウスペンスキー寺院とは対照的な白大理石のファサードが目をひく。設計に際しては、ヘルシンキ大聖堂や総督館など周囲の建物との調和に重きが置かれた。夕陽を受けて白く輝くその姿は、海の玄関口である港の風景のアクセントになっている。

　また、ヘルシンキ中心部のケスクス通りでは、エリエル・サーリネン設計によるレンガ仕上げの旧キノパラッティ・ビル（1921年）の両隣にラウタタロ・オフィスビルとアカデミア書店を設計している。ともに金属製のファサードだが、各々の建物の個性と質を保ちながら見事に調和した街並みを完成させている。なお、アカデミア書店のエスプラナーデ通り側の窓は白大理石で縁取られており、華やかさが付与されている。

1. エンソ・グートツァイト本社ビル　外観
2. 同　ファサードのモジュール検討図 [08]
3. ケスクス通り　左からラウタタロ・オフィスビル、
　 旧キノパラッティ・ビル（エリエル・サーリネン設計）、
　 アカデミア書店

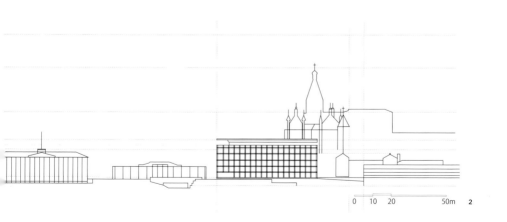

Rautatalo Office Building, Academic Bookshop
1951-55, 1961-69 / Helsinki, Finland

ヴィープリの図書館　講義室の波打つ天井

1927-35 / ヴィープリ、ロシア（元フィンランド）

　この図書館についてアールトはのちに「人間的機能主義」という言葉で語っているが、技術や合理性にとどまらず、人間の心理や生理にまで踏み込んだ機能の追求が重視され、講義室の音環境をいかに設計するかも主要なテーマの一つとして扱われた。

　幅約 9m、奥行き約 25m の細長い講義室に足を踏み入れると、まず目をひくのが波打つ天井面だ。講演者の声が奥に座る人にまでしっかり届くように音響効果を配慮して生みだされたこの天井は、以降アールト独自のエレメントとしてしばしば用いられることになる。その複雑な形状は、実継ぎでつながれた幅約 45mm の松材の小幅板を、船を組み立てるように木製の曲面リブに取りつけることで実現されている。

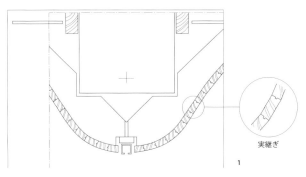

1. 講義室　天井　詳細断面図 [35]
2. 講義室　断面図 [35]
3. 同　外観
4. 同　天井　詳細
5. 同　内部

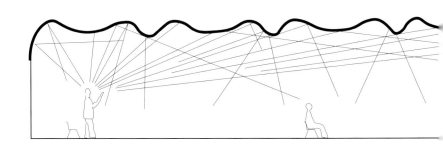

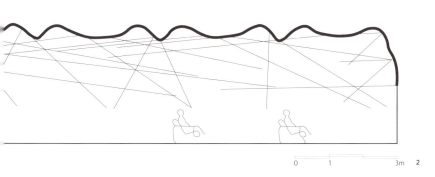

Wall & Ceiling 105

Viipuri Library
1927-35 / Viipuri, Russia (formerly, Finland)

ルイ・カレ邸　玄関を包み込む曲面天井

1956-59 / バゾーシュ・スュール・グィヨンヌ（パリ近郊）、フランス

　地形に沿うように傾斜した大きな片流れ屋根が印象的なルイ・カレ邸。玄関を入ると、右手に下っていく階段に誘われるように居間へと導かれる。その頭上は、この住宅を強く印象づける独特な曲面を描く天井に覆われている。この流麗な断面形状は、同時期に設計が進んでいたヴォクセンニスカ教会の断面形（p.150）と同じく、拳の形を思わせる。繊細なディテールに支えられながら、小さな拳から大きな拳へと大きさを変えて連続していく天井は、階段の降り口で水平な天井に連結し、さらに一段下がり窓へ、そして外部の森の木立へと滑らかに続き、流れるような空間が天井により見事に演出されている。

1. 居間より玄関を望む
2. 玄関より居間を望む

Maison Louis Carré
1956-59 / Bazoches-sur-Guyonne (near Paris), France

3-4. 施工時
5. 天井 詳細
6. 断面図および断面詳細図 [08]

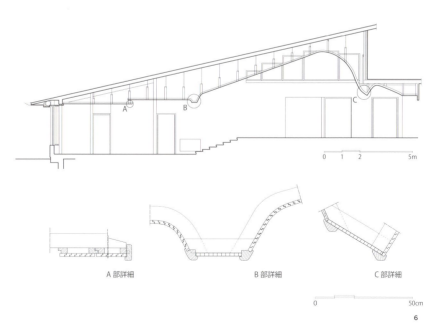

A 部詳細　　B 部詳細　　C 部詳細

Wall & Ceiling　111

窓際の斜め天井

国民年金会館本館 / 1948-57 / ヘルシンキ、フィンランド
パイミオのサナトリウム / 1928-33 / パイミオ、フィンランド

　ヘルシンキ市内に建つアールトが初めて手がけた公共建築。この建物では、各階の床が窓際で斜めに持ち上げられており、それに伴い窓際の天井も斜めに上げられ、その分効率よく太陽光を取り入れることができる。太陽光を求める思いが建物の形状に現れている一例だといえよう。また、地震が起こらず梁せいやスラブ厚を小さくできる構造的条件と光に乏しいという環境的条件が重なるフィンランドゆえに、生まれるべくして生まれた手法ともいえる。
　このアイデアは1929年のパイミオのサナトリウムの設計競技案の病棟部に見ることができるが、それから20年以上を経た本作品でようやく実現された。

1. 国民年金会館本館　基準階断面詳細図 [05]
2. パイミオのサナトリウム (設計競技案)　断面図 [08]
3. 国民年金会館本館　食堂　窓際の斜め天井

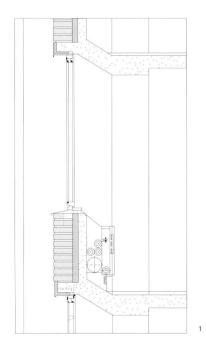

Social Insurance Institution Main Building
1948-57 / Helsinki, Finland

空間の広がりを演出する天井

マウント・エンジェル修道院の付属図書館 / 1964-70 / マウント・エンジェル、アメリカ
ロヴァニエミ市立図書館 / 1961-68 / ロヴァニエミ、フィンランド

　アールトは、天井の平面形と重ね合わせなどを巧みに操ることで空間の広がりを効果的に演出する。特に図書館建築では、扇形平面の要に貸出カウンターを置き、そこを起点として閲覧室を配置する手法が多用されているが、その平面的な広がりに即して天井高を段階的に高くし、端部をハイサイドライトへと開放することによりのびやかな空間が実現されている。またマウント・エンジェル修道院の付属図書館の講義室では、ステージを要として、背後から立ち上がる反射板と放射状に格子がのびる扇形の天井が、空間に広がりを与えている。この手法で重要なのは、人間的なスケールの空間から始まり、そこから平面的な広がりと天井高を次第に増していく点である。

1. マウント・エンジェル修道院の付属図書館　カウンターから閲覧室への天井の変化
2. 同　講義室
3. ロヴァニエミ市立図書館　閲覧室

Wall & Ceiling　115

Rovaniemi City Library
1961-68 / Rovaniemi, Finland

音や熱をコントロールするパネル天井

　音や熱をコントロールするために、天井にパネルのようなエレメントを付加することもアールトがよく用いた手法だ。その独特な形状は目にも楽しく、空間を豊かにすることにも一役買っている。

　国民年金会館本館の食堂では、暖房用の放熱パネルが貼り付けられているが、丸みを帯びた形状が天井にリズミカルなアクセントを付け加える。また、ドイツのヴォルフスブルク近郊に建つデトメローデの教会では、天井に直径約 2.4〜3.5m の音響反射板が19 個吊り下げられ、ユニークな視覚的効果を生みだしている。ほかにも形状は異なるが、フィンランディア・ホールの小ホールにも類似の音響反射板が見られる。

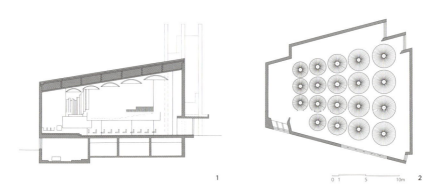

1　　　　　　　　　　　　0 1　5　　10m　2

3

1. デトメローデの教会　断面図 [08]
2. 同　天井伏図 [08]
3. 国民年金会館本館　食堂の天井
4. デトメローデの教会　天井パネル
5. フィンランディア・ホール　小ホール　天井パネル

Alvar Aalto's Studio
1954-56, 62-63 / Helsinki, Finland

照明や音響の効果を高める布の活用

アールトスタジオ / 1954-56、62-63 / ヘルシンキ、フィンランド
コッコネン邸 / 1967-69 / ヤルヴェンパー、フィンランド

　アールトの作品には、照明を和らげたり音響効果を上げるために天井に布を張った事例も見られる。
　アールトスタジオの増築部に設けられた食堂の天井では、照明の下に緩やかな弧を描くように布が吊り下げられることで、天井が柔らかな発光面へと変貌し、食卓を彩る。また、作曲家のために設計されたコッコネン邸では、音響効果を向上させるためにスタジオの天井に布が張られているが、リラックスした親しみやすい雰囲気づくりにも貢献している。

1. アールトスタジオ　食堂
2. コッコネン邸　スタジオ

Wall & Ceiling　121

有機的な曲線を描くキャノピー

　アールトらしい曲線から生みだされる自由な形態は随所で用いられ、作品を特徴づける主要なエレメントになっている。それは玄関キャノピーや天井にも見られ、頭上に広がる有機的な曲線はフィンランドの湖や島々を連想させる。

　そのようなユニークな形をした玄関キャノピーは、1933年竣工のパイミオのサナトリウムで初めて登場したが、その5年後に手がけたマイレア邸のキャノピーが最も有名な例だろう。一方、ヴォクセンニスカ教会の葬儀用エントランスに架かるキャノピーは、円弧状にくり抜かれたユニークな事例だ。また、ベルリンのハンザ地区に建設された集合住宅では、エントランスホールの天井に躍動感あふれる曲線がペイントされている。

1. ヘルシンキ工科大学のショッピングセンターおよび銀行　回廊のキャノピー
2. マイレア邸　玄関キャノピー
3. ハンザ地区の集合住宅　エントランスホールの天井（色：ダークブルー、黒、白）
4. ヴォクセンニスカ教会　葬儀用エントランスのキャノピー

Window

建築の内と外の接点であり、両者の関係をコントロールする窓。アールトにとって、窓はとても重要なエレメントであり、明確な意図をもってデザインされているものが多い。光や視線、空気の流れに加えて、利用者の心理や生活・行動との関係などについてもよく考えられている。時にはアールトの即興や遊び心が窓に現れることもある。そして、窓のアイデアが建築の基本構造や全体像を方向づける例も見られる。

　また、内と外の中間的なスペースとなる窓周りについても慎重にデザインされている。病院ではガラスボックスに置かれた鉢植えが患者を癒し、住宅では窓辺に置かれた花や彫刻が厳しい冬の寒さを和らげ、外部と内部の関係性を豊かに演出する。アールトは、その土地の気候風土に対してより良い環境を生みだす窓のあり方を探求し続けた。

ルイ・カレ邸　展示作品を照らすための窓

1956-59 / バゾーシュ・スュール・ギィヨンヌ（パリ近郊）、フランス

　ルイ・カレ邸のダイニングルームには、アート作品が飾られた東西二つの壁面があるが、それぞれに特徴的な窓と光の扱い方が見られる。

　東側壁面に飾られた作品に対しては北側の壁に設けられた小窓から採光されており、作品に向けて窓に角度がつけられている。窓から入った光は、欠き込まれた壁に沿って方向づけられ、作品へと導かれる。

　一方、西側壁面では、上方に設けられたガラス窓から取り込まれた光が湾曲した内壁を伝って反転し、壁面に掛けられた作品を優しく照らしだしている。手前には光を補うためのペンダントライトが3本設置されているが、真下と壁側の2方向に配光する有機的な形態も大変ユニークで興味深い。

1. ダイニングルーム北側壁面の小窓　内観
2. ダイニングルーム北側壁面の小窓と展示作品
3. ダイニングルーム北側壁面の小窓　平面詳細図 [24]
4. 同　外観

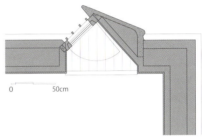

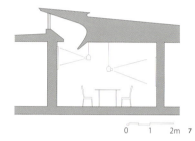

5. ダイニングルーム西側壁面
6. ペンダントライト
7. ダイニングルーム　断面図［O］
8. ダイニングルーム　平面図［24］
9. ダイニングルーム西側壁面　断面詳細図［24］
10. ダイニングルーム　全景

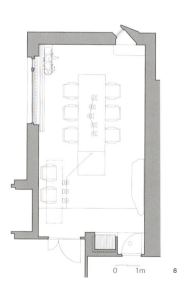
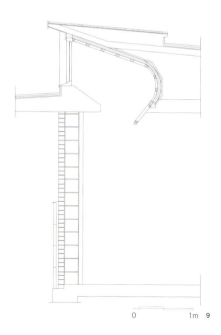

Maison Louis Carré
1956-59 / Bazoches-sur-Guyonne (near Paris), France

Alvar Aalto's Studio
1954-56, 62-63 / Helsinki, Finland

アールトスタジオ　建物に変化を与える多様な窓

1954-56、62-63 / ヘルシンキ、フィンランド

　アールトのアトリエでは多種多様な窓が空間を演出している。円弧状のスタジオの曲面壁に沿って連続する横長窓。特徴的な形をした板状の柱に呼応するように設けられたスカイライト（p.62）。斜めの壁を外部に突出させて、上部より光を取り入れる打ち合わせ室のニッチ（飾り棚）。さらには、増築部に連なる斜めに欠き込まれた四つの小窓など、必要に応じて自由に窓が配され、シンプルな建物に変化とスケール感が与えられている。

1．増築部　連続する四つの小窓
2．打ち合わせ室のニッチ　外観
3．同　断面詳細図 [14]
4．同　全景
5．同　ニッチのスカイライト

Window　131

景色を楽しむ窓、集中するための窓

　アールトハウスの西側に併設されているアトリエでは、用途に応じて窓が使い分けられている。アールトがよく座っていたという南側には、コーナーを囲むように窓が設けられており、外の庭を眺めながら気分転換することもできるスペースだ。それに対して、所員が作業を行う中央のスペースでは、ハイサイドライトから採光することで作業に集中できる環境が整えられている。後に建設されたアールトスタジオのアトリエも同様の考え方で設計されており、ここではハイサイドライトの下に換気用の小さな扉が設けられている。

Aalto House
1934-36 / Helsinki, Finland

Säynätsalo Town Hall
1949-52 / Jyväskylä, Finland

また図書館の閲覧室においてアールトは、利用者の気を散らせるとして目線の高さに窓を極力つくらず、トップライトやハイサイドライトで採光することを徹底しているが、サウナッツアロ村役場の図書館はその例外であり、上階の閲覧コーナーからはルーバー越しに外の景色を楽しむことができる。小さな村ならではのアットホームな公共施設のあり方を意図したことによるものだろう。

1. アールトスタジオ　ハイサイドライトおよび換気用の小窓　外観
2. 同　ハイサイドライトおよび換気用の小窓　内観
3. 同　アトリエ
4. アールトハウス　アトリエ
5. サウナッツァロの村役場の図書館　閲覧コーナー
6. 同　外観
7. 同　窓部　断面詳細図 [28]

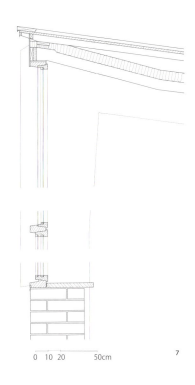

Window　135

サウナッツァロの村役場　議場の闇を引き立てる窓

1949-52 / ユヴァスキュラ、フィンランド

　分厚い煉瓦壁により神秘的な闇に包まれているこの議場には、興味をひかれる二つの窓がある。

　一つは、議場正面に向かって右手、北側の壁面に設けられた高窓。ピッチの細かな松材のルーバーにより、射し込む光が極力抑えられ、淡く輝く窓面を闇に浮かび上がらせている。もう一つは、正面壁の右手に設けられた小さな矩形窓。陽射しが直接入り込むのを阻むように分厚い壁に斜めに穴が穿たれ、ここでも松材を重ね合わせたルーバーで内部が覆われている。いずれの窓も、考え抜かれたディテールによって、闇をより引き立てる抑制のきいた光が効果的に取り入れられている。

1. 議場正面の小窓　平面詳細図 [28]
2. 議場側面の高窓　断面および平面詳細図 [28]
3. 議場正面の小窓　外観
4-5. 同　内観
6. 議場側面の高窓　内観

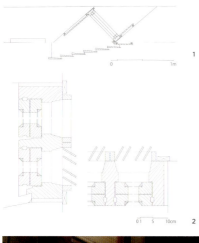

Säynätsalo Town Hall
1949-52 / Jyväskylä, Finland

遊び心が感じられる即興的な窓

文化の家 / 1952-58 / ヘルシンキ、フィンランド
国民年金会館本館 / 1948-57 / ヘルシンキ、フィンランド

　彫りの深い赤煉瓦で独特なフォルムが形づくられている文化の家のコンサートホール。その上部に、やや不自然な膨らみを見つけることができる。この膨らみは、設計がかなり進んでいた段階で映写室が必要だったことに気づき、その苦肉の策として生まれたというエピソードがある。その窓も必要性から即興的に設けられているが、なんとも微笑ましい印象を与えてくれる。

　一方、国民年金会館本館のロビーでは、パブリックエリアとサービスエリアがタイル貼りの壁で区切られているが、その壁を辿っていくと途中で斜めになり、不意にスリットが現れる。そのちょっとしたスリットが、双方のエリアの様子を互いに窺い知ることができる窓になっているのだ。

　アールトの作品では、このような即興的に設けられた窓を随所で見つけることができる。アールトが微笑みながら図面を引く姿が思い浮かんでくるような、遊び心が感じられる窓である。

1. 文化の家　映写室の窓
2. 国民年金会館本館　ロビー
3. 同　ロビー壁面のスリット

Social Insurance Institution Main Building
1948-57 / Helsinki, Finland

Paimio Sanatorium
1928-33 / Paimio, Finland

パイミオのサナトリウム　病室の窓まわり

1928-33 / パイミオ、フィンランド

　新鮮な空気と太陽光が求められる結核療養患者のための病院建築。病室に南面する窓は、より多くの光を取り込むために天井から足元まで大きくとられ、カウンターの天板は下部からの光を遮らないように浮かせたデザインにされている。一方、ベッド頭部側の袖壁は、午後に射し込む眩しい光を遮る役割を果たす。また、窓は二重サッシになっており、ベッド頭部側から取り込まれた外気はサッシ間で温められ、足元側から室内に送りだされる。あらゆる点において、アールトの療養患者への細やかな配慮を感じることができるデザインだ。

　また、この建物ではモダニズム建築を象徴するエレメントである横連窓が多用されているが、病室部分の立面は例外で、人間的なスケール感で温かみのある外観となっている点も興味深い。

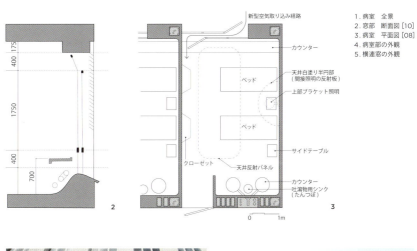

1. 病室　全景
2. 窓部　断面図 [10]
3. 病室　平面図 [08]
4. 病室部の外観
5. 横連窓の外観

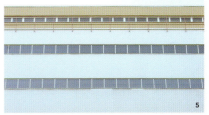

Window　141

パイミオのサナトリウム　食堂のガラスボックス

1928-33 / パイミオ、フィンランド

　パイミオのサナトリウムの食堂では窓際に2層吹抜けの空間が広がっており、足元から天井まで、高さ約8mに及ぶ大きなガラス面から射し込む光が食堂全体を明るく照らしだしている。

　ガラス面の下半分では、ガラスが二重にはめ込まれ、細長いボックス状の空気層が設けられている。そのボックスには鉢植えを入れることができ、小さなサンルームとしても機能する。二重ガラスによるボックスは断熱効果を高めると同時に、内部に緑が置かれることで患者や病院関係者の心に癒しをもたらす役割を果たしているのだ。

1. 食堂　全景
2. 窓部　断面図 [O]
3. 鉢植えが置かれたガラスボックス

Paimio Sanatorium
1928-33 / Paimio, Finland

Experimental House in Muuratsalo
1953 / Jyväskylä, Finland

ムーラッツァロの実験住宅
中庭との関係性が表現された窓と扉

1953 / ユヴァスキュラ、フィンランド

　この住宅の中庭からは多様な窓や扉を一望でき、それぞれにアールトの明確な意図を読みとることができる。居間には、中庭とその先に広がる湖に向けて開放された大きなガラス窓がある。それに対して、寝室へと向かう廊下には横長の高窓しかなく、さらに寝室には閉鎖的な木製扉の窓が設けられている。寝室側においては、中庭を囲う壁面の役割を最優先して窓が考えられているのだ。

　同様に、二つの扉のデザインにもそれぞれの意図が見てとれる。居間に設けられたメインの扉はガラス部分の間隔が広い格子扉であるのに対して、廊下に設けられたサービス用の扉では格子の間隔が狭くなっており、パブリックとプライベートの区分が中庭への開放性に対応している。このように各部屋の機能や性質に即して中庭との関係性が考慮され、それが窓や扉の表現に現れているのだ。

1. 寝室　木製扉の窓
2. 中庭への開放性が異なる二つの扉
3. 廊下の高窓
4. 廊下の高窓と寝室の窓
5. 中庭へと開放された居間の窓

内と外との関係を演出する窓辺

　マイレア邸の夏のひとときをとらえた写真には、居間の引き戸がすべて開かれ、室内と庭が一体化している様子がおさめられている。日本建築からの影響を随所に垣間見ることができるマイレア邸だが、その一端を窺い知ることができる写真である。

　一方、引き戸に目を向けてみると、冬場の積雪に対応するためにガラス面の下端が足元から40cm程度上がった位置に設けられていることが見てとれる。実際には、冬以外の季節も使い勝手の問題で引き戸を開放することは少なかったようだ。

　室内ではこのガラス面の下端に高さが合わせられた低い棚が置かれ、そこに花や彫刻などが飾られる。そのような窓辺に設置された棚はアールトハウスにも見られ、居間のプランターボックスや寝室の暖房設備の手前に、窓台と同じ高さの棚が置かれている。さらには、マイレア邸のダイニングルームやムーラッツァロの実験住宅の居間では奥行きがとられた窓台を見ることもできる。

1. マイレア邸　居間より庭を望む（1940年代）
2. 同　庭より居間を望む（1940年代）
3. 同　居間の引き戸
4. 同　居間　窓辺の棚
5. 同　居間　窓辺の棚
6. 同　ダイニングルーム　奥行きのある窓台

Window 147

建築において内と外の関係をいかに捉えるかは、土地の気候風土や建築家の考え方に大きく左右される。土地の気候風土を問わないインターナショナルスタイルの建築では、概念的には内と外の関係が等価に扱われ、建築の内部が直接的に外部へとつながっていくことを理想とする。また、比較的温暖な日本の建築で外部に設けられる縁側や軒下は、内でも外でもない中間的な空間として位置づけられている。

　それらに対して、冬の寒さの厳しい北欧では、窓は外部環境から守る強い境界として意識される。アールトは、初期の論考で、北欧の住宅に対して外部と内部の環境差を緩和するホールやポルティコなどの中間的な空間を設ける必要性を説いている。実際、窓辺のデザインにおいても、外部と内部を緩やかにそして豊かに結びつけるために、室内側に花などを飾ることのできる中間的なスペースを意識的につくっていた。自然環境と共生することを旨とするアールトらしさが感じられるデザインだといえよう。

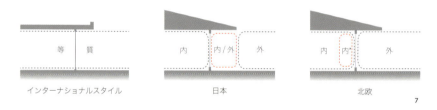

7

7. 内と外の関係　概念模式図［O］
8. アールトハウス　居間　プランターボックス前の棚
9. 同　寝室　暖房設備前のオープン棚
10. ムーラッツァロの実験住宅　居間　奥行きのある窓台

148　Window

Experimental House in Muuratsalo
1953 / Jyväskylä, Finland

ヴォクセンニスカ教会
外皮と内皮のズレをまとめる二重ガラスの高窓

1955-58 / イマトラ、フィンランド

　三つに分節可能な礼拝堂では、各ヴォリュームの東側上部に建物内外にはめ込まれた二重のガラス面で構成される高窓が設けられている。

　この三つの高窓の内側のガラス面は、内部空間を形づくる内皮となるが、音響効果を考慮して設計されており、各々が異なる角度で内側に傾けられている。その結果生まれた形状もそれぞれに個性的だ。それに対して、建物の外形を形づくる、外皮となるガラス面はいずれも同じ形をしており、複雑な形状を持つ内部空間を包み込みながら外観に統一感をもたらしている。ここで、二重ガラスの高窓がこの内皮と外皮のズレをまとめる役割を果たしているのだ。さらに、この内皮と外皮のズレから生じた空隙は、礼拝堂を分割する間仕切り壁（p.90）を収納するスペースにもなっている。この三つの高窓は、内部に光を導くだけでなく、建物を成立させる上で必要な機能を複合的に併せ持つ重要なエレメントなのだ。

1. 断面図［O］
2. 高窓　内観
3. 連続する三つの高窓　外観
4. 高窓　内観

Vuoksenniska Church
1955-58 / Imatra, Finland

Lahti Church
1969-79 / Lahti, Finland

ラハティの教会　十字架をかたどった小窓群

1969-79 / ラハティ、フィンランド

　ヘルシンキの北東約100kmに位置するラハティの小高い丘の上に建つアールトの没後に竣工した教会。谷を挟んで反対側の丘には、エリエル・サーリネン設計のラハティ市庁舎が向かい合う。

　市庁舎からも見える教会正面の壁面には、正方形の小窓を組み合わせることで十字架が形づくられている。アールトの窓は機能的な要求から決まるものが多く、図像の表現で象徴性を与えるようなものは少ないため、この窓はめずらしい例だといえよう。窓の内側は階段室で、人々はこの十字架の小窓群から降り注ぐ光の粒を受けながら階段を昇降していく。

1. 十字窓　内観
2. 立面図 [08]
3. 十字窓　外観
4. 光が落ちる階段室

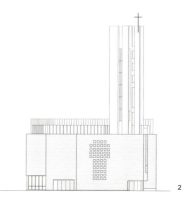

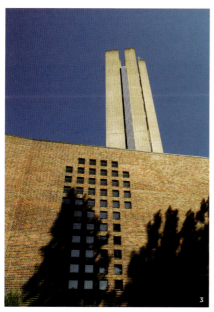

Window　155

内部の要求から決まった窓の外観への現れ

　アールトは窓の形状や配置を内部からの要求に従って決めることが多いが、その窓が外観に現れることで作品独自のオリジナリティが生みだされている事例を紹介しよう。

　ルイ・カレ邸のエントランスホールの上部では、天井の膨らみに合わせて矩形の窓が並列されており、天井断面の曲線が外部に露わになっている。鉛直のルーバーを設けることで全体に統一感が与えられているデザインも素晴らしい。

　セイナヨキの教会の礼拝堂では、緩やかに傾斜する地形に沿って床が祭壇に向かって下がっている。その勾配に合わせて、連続する鍵形の窓の大きさと形が少しずつ変化しているのに対して、外部の壁面は水平性を維持しており、両者の組み合わせでユニークな表情が生まれている。また、ヴォクセンニスカ教会では、曲面天井に対応して設けられた矩形の窓の組み合わせが、メインエントランス上部の立面を形成している。

1. ルイ・カレ邸　玄関　外観
2. 同　エントランスホール上部の矩形窓
3. セイナヨキの教会　内部
4. ヴォクセンニスカの教会　内部
5. 同　メインエントランス　外観
6. セイナヨキの教会　外観

Window 157

Seinäjoki Church
1951-60 / Seinäjoki, Finland

Skylight & Reflector

アールトの実作の約 9 割が自国フィンランドに建てられているが、光の乏しいこの国で
建築を設計するにあたっては、建物内部にいかに太陽光を取り込むかが大きなテーマと
なる。そのテーマに対して、アールトも初期の作品からさまざまな試みを行っているが、
なかでもスカイライト（天窓）とリフレクター（光を反射させる装置）を特に重要視して
おり、その手法を発展させることで独自の形態を生みだしている。

　スカイライトで特筆すべきものとしては、クリスタル・スカイライトと円筒スカイライト
が挙げられる。クリスタル・スカイライトは、ガラスを立体的に構成することでスカイラ
イトそのものを「光の結晶体」のように変容させる装置で、憂鬱な気分を晴らすような輝
きを放ちながら、建物内部に光を導く。また、円筒スカイライトはどの方位からの太陽
光も無駄なく効率的に取り込むことができるため、アールトが多用した手法である。

　他方、光を反射・拡散させながら内部空間に光をうまく取り込むことができるリフレク
ターも好んで用いた。初期にはユニークな形状をしたオブジェクト的な反射装置が設置
されたが、のちに建物の壁や天井を変形させていく手法へと発展していく。その手法の
変化は、曲面で構成されるアールト独自の建築形態を生みだすきっかけにもなった。

Social Insurance Institution Main Building
1948-57 / Helsinki, Finland

国民年金会館本館　クリスタル・スカイライト

1948-57 / ヘルシンキ、フィンランド

　アールトの主要なエレメントの一つとなるクリスタル・スカイライトは、この建物のホールで生みだされた。吹抜けの上部には、ガラス屋根とガラス天井により構成された建物一層分の厚みを持つ空隙が鋸状に連続する。上方から射し込む太陽光はガラスの空隙の中で反射して飛び交い、スカイライト全体がクリスタルのような輝きを放つ。ホールから見上げた姿はもちろん、外観も迫力のあるスカイライトで、寺院のようにそそり立つ姿から「アールト・テンプル」とも呼ばれていたそうだ。

　日射しの弱い日や夜間には、二重ガラスの間に吊るされたペンダントライト (p.227) が光を補い、ホールにはスカイライトから常に光が降り注ぐ。

1. スカイライト　外観
2. 同　断面図 [29]
3. 同　見上げ
4. ホール
5. スカイライト　二重ガラス内の照明

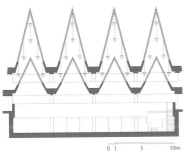

Skylight & Reflector

クリスタル・スカイライトの展開

　その後のクリスタル・スカイライトの展開を追ってみよう。
　ユヴァスキュラ教育大学の図書館では、地下の閲覧室の中央部分に山形のクリスタル・スカイライトが設置され、それを取り囲む階段状の書架部分にはコの字形のハイサイドライトから光が降り注ぐ。
　一方、後期の作品であるヘルシンキ市電力公社ビルでは、6列に連なる鋭い山形のクリスタル・スカイライトが1階ホールを覆う。また、アカデミア書店に設けられたスカイライトは後期の洗練された例だ。上方だけでなく下方へも突出し、立体的にカットされた宝石のような形をしたスカイライトは、3層吹抜けのホール上部で輝きを放ち、売り場に柔らかな自然光をもたらしている。

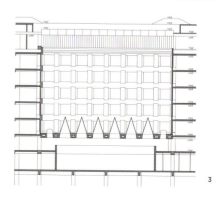

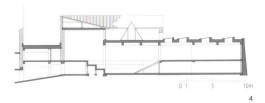

4

1. ヘルシンキ市電力公社ビル　スカイライト　見上げ
2. 同　ホール
3. 同　断面図 [08]
4. ユヴァスキュラ教育大学の図書館　断面図 [37]
5. 同　内部
6. アカデミア書店　スカイライト　見上げ
7. 同　断面図 [08]
8. 同　スカイライト　詳細図 [08]
9. 同　スカイライト　外観
10. 同　吹抜けホールと3連のスカイライト

5

Skylight & Reflector　165

6

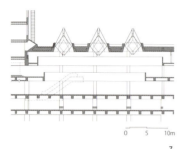

7

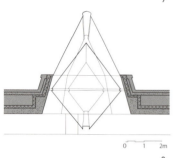

8

9

Skylight & Reflector

Academic Bookshop
1961-69 / Helsinki, Finland

Viipuri Library
1927-35 / Viipuri, Russia (formerly, Finland)

ヴィープリの図書館　円筒スカイライト

1927-35 / ヴィープリ、ロシア（元フィンランド）

　「図書館において解決すべき主要な課題は、人間の眼に関することである」と語るアールト。初期に手がけたこの図書館では、静けさを確保するために閲覧室を厚さ約75cmの壁で囲い、天井に57個の円筒形のスカイライト（直径約1.8m）を均等に並べた。スケッチには北緯60度のヴィープリで最も太陽が高くなる夏至南中時の太陽高度である52度の数字と光のラインが書き込まれ、直射日光が入らないように筒の深さを約1.6mに定めた痕跡が残っている。このように土地の日射条件を熟慮したスカイライトにより、閲覧室は年間を通じて安定した拡散光で満たされ、読書に適した光環境が生みだされている。

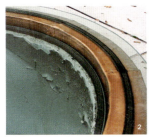

1. 閲覧室
2. スカイライト　外観　詳細
3. 同　内観
4. 閲覧室　断面スケッチ

Skylight & Reflector

円筒スカイライトの展開

　ヴィープリの図書館のように、円筒スカイライト群を大井面に均一に設け、空間全体を拡散光で満たす手法は、その後も多くの作品で採用された。

　その一方で、空間のあり方や人の動きなどを考慮した上で単一もしくは複数の円筒スカイライトを効果的に配置することも好んで行われた。複数のスカイライトを近づけて並べることで明るい領域をつくりだしたり、人の動きの転換点に光を落とし強調することで動線を指し示したり、空間や物の形を際立たせるように光を落とすなど、その配列の手法と効果は多岐にわたっている。

1. ロヴァニエミ市立図書館　閲覧室
2. 同　平面図 [08]
3. ヘルシンキ工科大学の講堂　平面図 [08]
4. 中部フィンランド博物館　展示室　平面図 [08]
5. ルイ・カレ邸　階段
6. ヘルシンキ工科大学の講堂　ロビー
7. ユヴァスキュラ教育大学の本館　階段ホール
8. 中部フィンランド博物館　展示室

 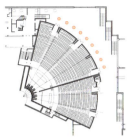 

2 3 4

5 6 7

8

Skylight & Reflector 171

スカイライトの外観

　アールトのスカイライトの形状は内部からの要求で決められたものが多く、外観は人に見せることを意図されてはいないものの、その姿には心惹かれるものがある。筒状のスカイライトが無造作に突き刺さるもの、ガラス屋根がリズミカルに連続するものなど、その外部への現れ方からアールトが目論んだ内部空間と光に思いを巡らせるのも楽しい作業だ。

　一方、スカイライトを外部に象徴的に見せている作品としては、アイスランドにあるスカンジナビア館とヘルシンキ工科大学（現：アールト大学）の事務管理棟が挙げられるが、その表現は控えめだ。

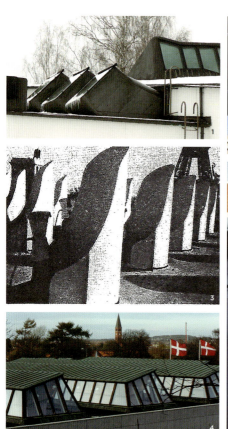

1．ヴォクセンニスカ教会
2．国民年金会館本館の食堂
3．パリ万国博覧会フィンランド館
4．北ユトランド美術館
5．ユヴァスキュラ教育大学の図書館
6．ヘルシンキ工科大学事務管理棟の増築部
7．スカンジナビア館

Skylight & Reflector 173

光を拡散させるリフレクター

ヴェネツィア・ビエンナーレのフィンランド館 / 1955-56 / ヴェネツィア、イタリア
北ユトランド美術館 / 1958-72 / オールボー、デンマーク

　アールトらしいエレメントの一つであるリフレクターは、1956年に開催されたヴェネツィア・ビエンナーレのフィンランド館において生みだされた。末広がりのユニークな形状をした木造の反射装置は、スカイライトから入射した光を展示に適した拡散光に変え、三方の展示壁に効率よく光を導くことを可能にした。

　その2年後に設計競技が行われた北ユトランド美術館では、2方向に光を反射させる細長いリフレクターとスカイライトのユニットを反復させることで、拡散光に満たされた広い展示空間が実現されている。また、天井高が段階的に変化する大展示室も、ユニークな断面形のリフレクターが設置された迫力のある空間だ。

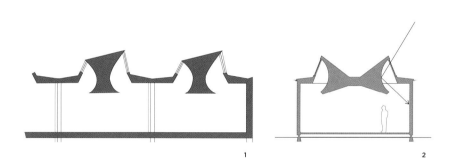

1　　　　　　　　　　　2

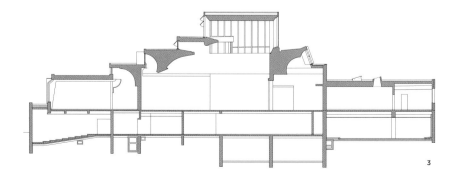

3

174　Skylight & Reflector

1. 北ユトランド美術館　展示室　断面図 [08]
2. ヴェネツィア・ビエンナーレのフィンランド館　断面図 [40]
3. 北ユトランド美術館　大展示室　断面図 [10]
4. ヴェネツィア・ビエンナーレのフィンランド館　内部
5. 北ユトランド美術館　大展示室のリフレクター　見上げ
6. 同　展示室　内部

Skylight & Reflector　175

採光のために変形した壁と天井

　ヴェネツィア・ビエンナーレのフィンランド館のリフレクターを契機とする採光方法は、やがて建築そのものに取り込まれ、光を取り込む入射面と、光を反射させるために変形した壁と天井が一体で考えられることになる。建築全体を構築していく上で採光方法がより重要な位置を占めるようになったのだ。
　この手法は扇形の平面計画などとともに展開され、主に図書館建築で花開くことになった。図書館の中心的役割を果たすカウンターを要として、閲覧室が扇形に広がり、その先端から入射させた光を壁や天井に反射・拡散させることで、閲覧室には眼に優しい柔らかな光が降り注ぐ。

1．ロヴァニエミ市立図書館　閲覧室採光部
2．同　閲覧室　断面図 [08]
3．セイナヨキ市立図書館　閲覧室　断面図 [08]
4．マウント・エンジェル修道院の付属図書館　閲覧室　断面図 [08]
5．同　閲覧室採光部
6．セイナヨキ市立図書館　閲覧室採光部

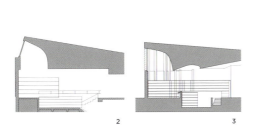
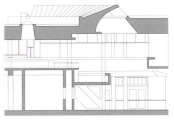

Seinäjoki City Library
1960-65 / Seinäjoki, Finland

Sauna & Fireplace

サウナの発祥の地であり、夏至に大きなかがり火を焚く祭が行われるほど火を焚く行為を大切にしているフィンランド。フィンランドでは、サウナは単に体を暖め、リフレッシュするための場所ではなく、人とコミュニケーションを交わす場所としても重要な役割を果たす。アールトの住宅においても、サウナと暖炉は欠かせないエレメントだ。

　書籍『Alvar Aalto Summer Homes』（Erkki Helamaa、Jari Jetsonen 著）にアールトが設計したサウナのリストが掲載されているが、1923 年のテルホ邸から 1970 年のシルツ邸まで、計画案を含めるとその数は 70 件に及び、そのうち実現したものは 54 件を数える。個人住宅がほとんどだが、病院や職員宿舎などのサウナもある。それらの多くは、伝統的な形式をベースにしつつ独自性が盛り込まれている。

　一方、暖炉も暖をとるだけでなく、人が集まり団らんする場として、住宅の中心ともなる大切なエレメントとして扱われる。また、自身のサマーハウスでは、外部のもう一つの中心として、中庭に焚き火の炉が設けられている。

サウナ　伝統的なスタイルを進化させた濃密な空間

　アールト設計のサウナには、フィンランドの伝統に彼独自のオリジナリティが融合されたものが数多く見られる。

　ムーラッツァロの実験住宅では、伝統的な丸太組積造を用いながらも、基礎を敷地の岩に対応させたことでイレギュラーな台形プランをしている。一方、晩年に設計されたオクサラ邸では、サウナの周囲に休憩スペースが回りこみ、全体として螺旋状に構成された平面形が実にユニークだ。また、コッコネン邸のサウナ小屋の丸太にはフィンランド特有の仕上げが施されており、斧で削りだされた表面には美しい木目のパターンが浮かび上がる。外部とは対照的に暗い闇に包まれるサウナの内部では、小さな窓から射し込む光が陰影を生みだし、濃密な空間を演出している。

1. ムーラッツァロ実験住宅　スモークサウナ　外観
2. 同　断面図 [10]
3. 同　平面図 [27]
4. 同　内部

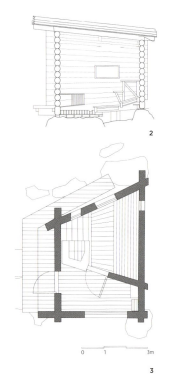

Villa Oksala
1965-66 / Korpilahti (near Jyväskylä), Finland

5. オクサラ邸　サウナ　内部
6. 同　平面図 [27]
7. コッコネン邸　サウナ　外観
8. 同　壁面　詳細
9. マイレア邸　サウナ　内部
10. ルイ・カレ邸　サウナ　内部

Sauna & Fireplace　185

暖炉　農家から着想した集いの空間

　サウナと同じく、暖炉においてもフィンランドの伝統の中にオリジナリティを盛り込んだアールトらしいデザインを見つけることができる。

　ムーラッツァロの実験住宅の居間には、幾何学的でシンプルな白い農家風の暖炉が設えられている。その暖炉の形状はルイ・カレ邸へと受け継がれるが、形や素材の構成には変化が加えられており、より洗練されたデザインへと進化していることが見てとれる。

　また、マイレア邸の居間では、フィンランドの伝統的な農家「トゥパ」をモデルとした隅切りの白い暖炉が存在感を放っている。窓際の面に施された削り込みが目をひくが、その自由な形状にはアールトの遊び心が感じられる。マイレア邸には、この暖炉のほかに主屋とサウナをつなぐ外部通路と2階アトリエの2カ所に暖炉が設けられており、いずれも伝統的な様式を基本にしながらデザインされている。

1. ルイ・カレ邸　ダイニングルームの暖炉
2. ムーラッツァロの実験住宅　居間の暖炉
3. ルイ・カレ邸　居間の暖炉
4. マイレア邸　居間の暖炉　窓際の削り込み
5. 同　外部通路の暖炉と施主のマイレ・グリクセン（1940年代）
6. 同　居間　玄関ホールより望む
7. 同　2階アトリエの暖炉

Maison Louis Carré
1956-59 / Bazoches-sur-Guyonne (near Paris), France

Villa Mairea
1938-39 / Noormarkku, Finland

Sauna & Fireplace   189

ムーラッツァロの実験住宅　焚き火の炉

1953 / ユヴァスキュラ、フィンランド

　ムーラッツァロの実験住宅では、中庭の中央に焚き火の炉が切られている。設計段階のスケッチには中庭で焚かれた炎と立ち上る煙が描かれており、本住宅において火を焚く行為と場所が重視されていたことがわかる。森の静けさと夜の闇に包まれるなか炉に火が灯されたとき、中庭は外部の居間となり、この住宅の中心的な場所へと変貌する。人為的に囲い込むことで外部から守られた空間を獲得することと、火を焚きその炎に寄りそうことは、ともに人間の初源的な行為であり、原初の時代を思い起こさせる中庭の焚き火は神秘性すら感じさせる。

　南に開かれた中庭では、冬の正午に5度という低い高度で南中する太陽と焚き火の炎が重なり合う瞬間が訪れ、この場所でしか出会えないシーンが現れる。

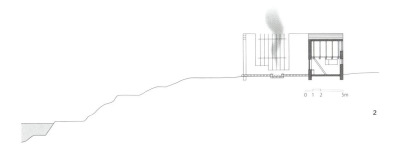

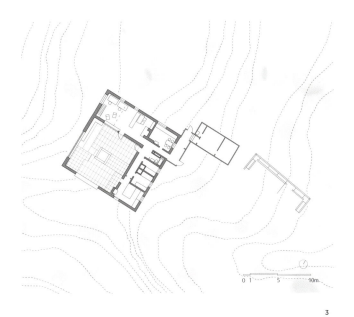

1. 中庭　居間方向を望む
2. 断面図 [14]
3. 平面図 [08]

Sauna & Fireplace

4. 焚き火の様子が描かれたアールトのスケッチ
5. 焚き火の炉越しに湖を望む
6. 火が灯された中庭

Experimental House in Muuratsalo
1953 / Jyväskylä, Finland

Green & Water

豊かな緑と水をはじめとして大自然に恵まれたフィンランドでは、その恩恵を受けると同時に、その厳しさを受け入れながら生活が営まれてきた。そのような地で生まれ育ったアールトも、大自然に抗わず共存する作風を貫いている。

　建物内外に植物を取り込んだ作品は数多いが、その扱いは細やかでありながらも空間に効果的に付加されている。また水に関しても、冬の厳しい寒さを考慮してか、水盤や噴水を設ける程度だが、効果的に扱われている。

　ともに、大自然とは対照的な、手なずけられた小さな自然だが、光や風の変化、季節感などを感じさせ、生活に潤いを与えてくれる。そのような自然の扱い方には日本文化からの影響も窺え、アールト自身も日本文化への敬愛を認め、次のように記している。

　「日本文化は、限られた素材と形を使って、変化と新しいコンビネーションを日々つくりだす技を教えてくれる。日本文化における花や動物や自然の素材を愛でる精神は、一つの模範である。自然との触れあいやその風情のある変化を味わい慈しむ暮らしは、形式主義的すぎる観念とは決して相容れない生活様式である。」（スウェーデン工芸家協会の年次総会における講演、1935 年）

Aalto House
1934-36 / Helsinki, Finland

緑の扱い　植物の成長を見越した精緻なデザイン

　植物も建築の素材の一つとして自在に扱ったアールト。自邸のアールトハウスでは、窓の下端に揃えられたプランターボックスが日々の暮らしに潤いをもたらし、外壁に設置された支柱には蔦が這う。同様に、サウナッツァロの村役場においても、中庭に面する回廊（p.44）やゲストルームの外部に蔦を絡ませる木製の支柱が設けられ、緑を透過した優しい光が内部に取り込まれている。

　アールトは、このような蔦の効果について「硬い外壁から窓へと移る変化を蔦が和らげ、さらに室内から見たときにカーテンのような役割を果たして、内部の採光を和らげてくれる」と言及している。マイレア邸をはじめとして、蔦が成長したときの状況を詳細に検討・確認しているスケッチも数多く残っており、設計段階から植物の成長を考慮に入れたきめ細かなデザインを行っていたことがわかる。

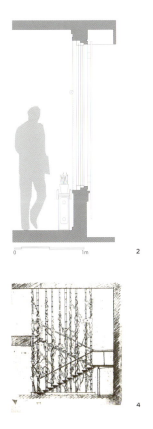

Green and Water

1. アールトハウス　居間の窓際
2. 同　窓部　断面図 [14] [O]
3. 同　窓の高さに合わせたプランターボックス
4. マイレア邸　竹の柱に蔦が這う様子が描かれた階段のスケッチ
5. 同　ウインターガーデン　蔦を這わせる格子
6. サウナッツァロの村役場　蔦に覆われたゲストルームの窓
7. 同　蔦を這わせる支柱
8. 同　蔦を這わせる支柱　詳細図 [28]
9. アールトハウス　蔦を這わせる支柱

Aalto House
1934-36 / Helsinki, Finland

マイレア邸　草屋根

1938-39 / ノールマルック、フィンランド

　フィンランドでは、屋根を芝生や草花で覆った草屋根の民家が見られる。屋根材に適した木材が確保しにくかったことに加え、内部の保温性を高める効果があることから生みだされた伝統的な民家の形である。

　アールトの作品で草屋根が採用された事例は数少ないが、その一例であるマイレア邸ではサウナおよび主屋との外部通路の上部が草屋根で仕上げられている。白く塗られた細いスチールパイプの柱とコンクリートの梁で支えられた草屋根では、伝統的な手法と近代的な材料・構法との融合が試みられている。草屋根が周囲の緑に溶け込む2階テラスからの眺めも実に見事だ。

1. サウナ　断面図 [26]
2. 庭よりサウナと外部通路を望む
3. 外部通路
4. 2階テラスより草屋根を望む

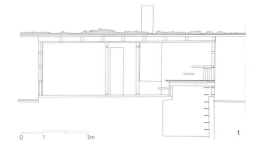

Villa Mairea
1938-39 / Noormarkku, Finland

Wolfsburg Church
1960-62 / Wolfsburg, Germany

水の扱い　空間に潤いを与える効果的な使い方

　ヴォルフスブルクの教会の礼拝堂に静かに佇む水盤、ラウタタロ・オフィスビルのアトリウムで水音を響かせる水盤、サウナッツァロの村役場の中庭で空間を引き締める池と噴水、そして敷地のレベル差を活かして水が静かに流れ落ちていくアルヴァ・アールト博物館のカスケード。これらはイタリア的ともいえるような水の扱い方で、幾何学的な形が与えられている。

　それらとは対照的に、サウナで温まった体を冷ますために設けられるプールは自由な曲線でデザインされることが多く、アールトの遊び心が感じられる。マイレア邸のプールは湖に浮かぶ島を模したとされ、その形は有機的だ。

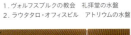

1. ヴォルフスブルクの教会　礼拝堂の水盤
2. ラウタタロ・オフィスビル　アトリウムの水盤

Green and Water　205

3. セイナヨキの教会　鐘塔脇の水盤
4. サウナッツァロの村役場　中庭の池と噴水
5. アルヴァ・アールト美術館　庭のカスケード
6. マイレア邸　庭のプール

Alvar Aalto Museum
1971-74 / Jyväskylä, Finland

Villa Mairea
1938-39 / Noormarkku, Finland

Villa Mairea
1938-39 / Noormarkku, Finland

雨水の処理

　フィンランドの伝統的民家では、縦樋を設けずに、くり抜いた丸太を横樋にして雨を下に落とす方法が見られるが、雨水処理においてもそのような伝統とアールトの個性が融合されている。

　マイレア邸では、くり抜いた丸太を半分に割った横樋が外に飛び出し、開放された端部から雨水が落ちる。横樋の飛び出しは桂離宮の竹樋の影響を受けたといわれるが、フィンランドで竹は入手しにくく、その代用として伝統的な丸太が用いられた。

　一方、ルイ・カレ邸では現代的な表現が施されており、丸めた銅版が突き出た雨樋と雨受けの水盤が設けられている。また、初期の作品アイラ・ハウスでは装飾的に扱われた雨樋も見られる。

1. マイレア邸　雨樋
2. アイラ・ハウス　雨樋　全景
3. 同　雨樋　詳細

 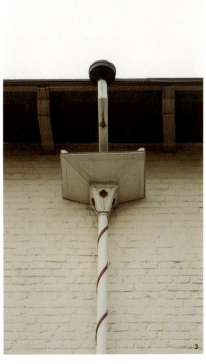

Green and Water　211

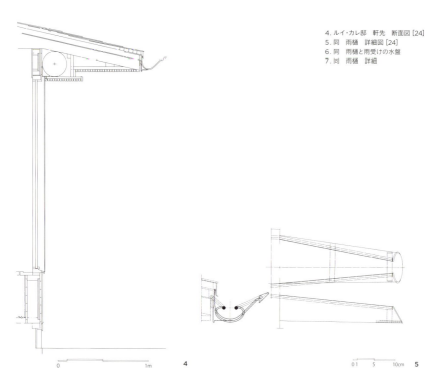

4. ルイ・カレ邸　軒先　断面図 [24]
5. 同　雨樋　詳細図 [24]
6. 同　雨樋と雨受けの水盤
7. 同　雨樋　詳細

Maison Louis Carré
1956-59 / Bazoches-sur-Guyonne (near Paris), France

Furniture & Lighting

アールトは、建築以外に、家具や照明器具のデザインも積極的に行った。その大半は、個々の建築を設計する際にトータルデザインとしてつくられたものだが、後にその一部が製品化され、アールトらが 1935 年に設立したアルテックから販売されている。

　アールトがデザインした家具の最大の特徴は、木材への徹底したこだわりだ。独自に開発した曲げ加工の技術が自由な造形を可能にし、量産化の道を切り拓いた。加えて、家具の材料としては不向きな白樺材を使用することで母国の森林産業にも貢献している。またアールトの椅子は美しい形態やプロポーションを有しているが、美的なものとして眺めたり、コレクションするためだけのものでなく、日常生活に溶け込んで使われることでその良さが発揮されることも大切な特徴だ。

　一方、照明器具には、アールトのユーモアや遊び心が現れている。ユニークなモチーフも多く、そのネーミングを聞くだけでも微笑ましくなる。デザインされた数多くの照明器具は、いくつかのタイプとそのヴァリエーションに分類することで、その全体像を捉えることができる。

　アールトが照明器具のデザインに着手した当時、バウハウスをはじめとして多くの建築家たちが照明器具のデザインを手がけていた。その大半が器具そのものの幾何学的な形態に重きを置いていたのに対して、アールトは人間の視環境をより快適にすべく光の質を重視していた点で大きく異なっている。

「光の質とは何を意味するのであろうか？　光は人間が常に必要としている現象である。この点で光の正しい質の問題は、人間と時々にしか接しない物よりも重要である。」（スウェーデン工芸家協会の年次総会における講演、1935 年）

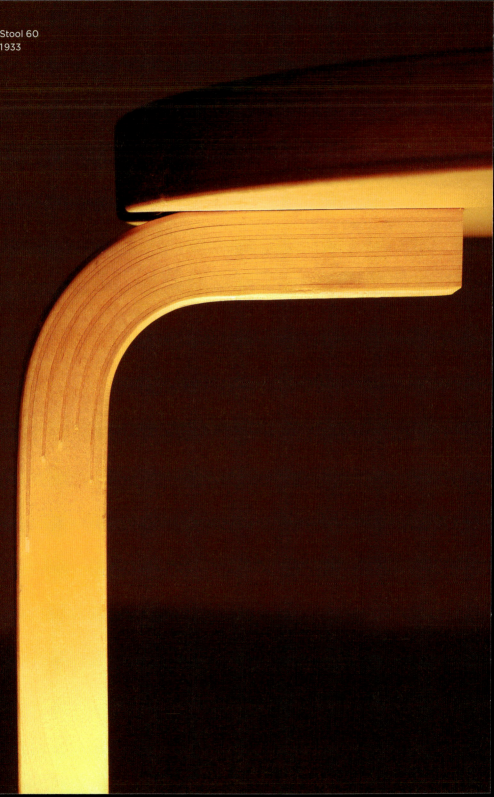

Stool 60
1933

L字脚のスツール

　1933年竣工のヴィープリの図書館で大量に使用されることとなったシンプルなスツール（背もたれや肘掛けのない1人用の椅子）は、のちにアルテックから「スツール60」として発売され、現在まで世界中で愛用されている椅子だ。

　この椅子の特徴は脚にある。樺の角材を曲げてL字形の脚にするという画期的な工法は「Lレッグ」と呼ばれ、曲げ加工部に切れ目を何層にも入れ、そこに薄板と接着剤を挟み込み、曲げることで実現されている。

　このスツールには3本脚と4本脚の2種類がある。3本脚のものは凹凸のある床面でも接地性が良い反面、腰を載せる位置によっては倒れやすく安定性に欠ける。それに対して、4本脚のものは接地性は悪くなるが、安定性に優れる。いずれも回転させながら永久に積み上げられる点が面白い。製品には天板のヴァリエーションが多く、記念モデルなども発売されており、コレクターを喜ばせている。

1. スツール60（1933年）　L字曲げ加工部　詳細
2-3. スツール60の製作過程（アルテック工場、トゥルク）
4. スツール60
5. 同　L字曲げ加工部　詳細図 [42]

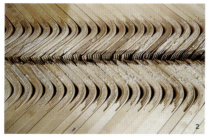

Furniture & Lighting

木製のキャンチレバーチェア

　アールトが椅子のデザインに着手した当時、多くの建築家がスチールパイプ製のキャンチレバーチェアをデザインしていた。そのような流れに対して、温かみのある木材の使用を積極的に考えていたアールトは、座面と背板が一体化した成形合板をスチールパイプの脚で支えるハイブリッドな椅子を生みだす。その後、スチールパイプの冷たい感触、音の反射、眩しさといった性質を椅子に相応しくないとして、1928年頃から家具職人のオット・コルホネンとともに、脚も含めてすべてを木製にするべく技術の開発に力を注いだ。

　その成果は、1932年にパイミオのサナトリウムのためにデザインされた「アームチェア41 "パイミオ"」に結実することとなる。滑らかな曲面を描く1枚板の座面を、薄板を層状に貼り合わせプレス加工した積層合板のサイドフレームが支える。この時点で輪のように閉じることで強度が高められていたフレームは、そのわずか1年後にはキャンチレバーへと進化を遂げ、スチールパイプ製の脚を弾力のある木製フレームに代えることに成功した。

1. アームチェア41「パイミオ」(1932年)
2. アームチェア400「タンク」(1936年)
3. チェア23 (1930年)
4. アームチェア26 (1932年)
5. チャイルドチェア103 (1931-32年)
6. キャンチレバーチェアの変遷　模式図 [46]
7. アームチェア406 (1939年)

ARMCHAIR 41
1932

ARMCHAIR 44
1932

ARMCHAIR 42
1932

ARMCHAIR 402
1933

ARMCHAIR 401
1933

ARMCHAIR 400
1936

ARMCHAIR 43
1937

ARMCHAIR 406
1939

Armchair 406
1939

Experimental Wood Relief
1947

木の脚の実験と実践

アールトは、古代ギリシア・ローマ建築の柱のオーダーを意識しつつ、椅子の脚のことを「柱の妹」と名づけ尊重していたという。優美な曲線を描く脚は、木材を曲げる実験と実践の積み重ねにより生みだされ、その痕跡を示すレリーフも数多く制作された。

L字形に曲げる「Lレッグ」(p.216) のほかにも、1947年にはLレッグを接合させた「Yレッグ」が、1954年には三角形状の脚を束ねて構成する扇型の脚「Xレッグ」が開発されている。このXレッグのアイデアは建築作品にも応用されており、ヴォルフスブルクの教会の屋根や天井にその形状が確認できる。また、太さ数mmの繊維状の木を束ねる手法も編みだされ、国民年金会館本館の椅子に用いられている。その特徴的なディテールから「スパゲッティチェア」と呼ばれているが、量産化はされていない。

1. 木質実験のレリーフ (1947年)
2. ヴォルフスブルクの教会 (1960-62年)　設計過程でのスケッチ
3. 木質実験のレリーフ (1934年)
4. 同 (1947年)
5. チェア 612 (1947年)　Yレッグ部詳細と全景
6. スツール X602 (1954年)　Xレッグ部詳細と全景
7. 国民年金会館本館のスパゲッティチェア (1957年)　詳細と全景

Furniture & Lighting

ユニークな丸みを帯びたペンダントライト

　アールトがデザインした照明器具の代表的なタイプとして、あるモチーフを具象的に表現した、ユニークな丸みを帯びたペンダントライト（吊り下げ型の照明）が挙げられる。その初期の例が、鈴をモチーフにした「ゴールデンベル」だ。1937年に内装を手がけたレストラン・サヴォイのためにつくられたこの愛くるしい照明は、後にアルテックで発売され、いくつかのヴァリエーションも生まれている。

　同様のペンダントライトは、国民年金会館本館の「ターニップ（かぶ）」をはじめとして、その後も数多くデザインされている。スポットライト型の「ビルベリー（こけもも）」は1959年に建てられたルイ・カレ邸のためにデザインされたが、1939年竣工のマイレア邸の書斎ではその原型となるパンチングメタル製のペンダントライトを見ることができる。

1．ペンダントライト A330S「ゴールデンベル」(1937年)、レストラン・サヴォイ
2．ペンダントライト A330 (1954年)
3．ペンダントライト A440 (1954年)
4．ペンダントライト A335 (1956年)
5．ペンダントライト A333「ターニップ」(1950年代)
6．ペンダントライト A338「ビルベリー」(1950年)、ルイ・カレ邸書斎
7．パンチングメタル製のペンダントライト (1959年)、マイレア邸書斎

Pendant Light in Villa Mairea
1939

Pendant Light A110 "Hand Grenade" in Nordic House
1952

円筒形のペンダントライト

　アールトの照明器具には、円筒形を組み合わせたものが多い。細長い円筒形で構成されるペンダントライトは、その形状から「ハンドグレネード（手榴弾）」と名づけられており、サウナッツァロの村役場の議場のためにデザインされたのがその始まりである。闇に満ちた暗い議場 (p.136) において、主たる光は闇を壊すことなく直下に導かれ、シリンダーの隙間から上部に漏れる淡い光は穏やかな雰囲気を演出し、器具の色も闇に同調するように黒く塗られている。同形のペンダントライトはスカンジナビア館の図書室にも用いられたが、ここでは明るい空間に合わせて白色のペンダントライトが吊り下げられている。下端をささやかに縁取るパンチングメタルの帯が光り輝くアクセントになっているが、この繊細なデザインは他のライトにも多用されたアールトが好んだ手法だ。

　この円筒形ライトのヴァリエーションとしては、円筒の長さが抑えられ、上部に反射板をつけたタイプや、複数個を束ねたタイプなどがある。

1. ペンダントライト A110「ハンドグレネード」(1952年)、スカンジナビア館
2. ペンダントライト A110「ハンドグレネード」(1952年)
3. シーリングライト (1960年代)、ヘルシンキ工科大学建築学科の図書館
4. シーリングライト (1960年代)、ユヴァスキュラ教育大学の学生食堂
5. ペンダントライト A201 (1955年)、国民年金会館本館会議室
6. ペンダントライト A203 (1955年)、国民年金会館本館会議室

Furniture & Lighting

ポール・ヘニングセンからの影響

　自らも言及しているが、アールトはPH5のデザインで著名なデンマークの照明デザイナー、ポール・ヘニングセン（1894-1967年）の影響を受けている。ヘニングセンは、光源を板状のシェード（笠）で包み込むことでグレア（眩しさ）を抑えた、見た目にも優美な照明器具を生みだし、ルイスポールセン社との協働のもと、自身の名前の頭文字から名づけた「PHシリーズ」として数多くの作品を世に送りだした。アールトの初期の作品ではムーラメの教会をはじめとしていくつかの建物でPHランプが使用され、その頃からヘニングセン本人とも親交を深め、互いに刺激を与えあう関係にあったようだ。

　ヘニングセンの影響はアールトの照明器具の随所に見出すことができるが、その代表例が国民年金会館本館の設計の際にデザインされた「フライングソーサー（空飛ぶ皿）」である。上部を反射板で覆い、同心円状に並ぶシェードが光源を包囲する構成は、1925年に開催されたパリ万国博覧会のためにヘニングセンがデザインした「パリランプ」と呼ばれる照明に似ている。また、クリスタルスカイライト（p.162）内に設置されたペンダントライト上部の反射板の形状にもその影響が窺える。

1. PHランプが用いられたムーラメの教会（1926-29年）
2. シーリングライト A337「フライングソーサー」（1951年）、国民年金会館本館
3. パリランプ（ポール・ヘニングセン、1925年）
4. PH5の断面図（ポール・ヘニングセン、1958年）[47]
5. ペンダントライト（1950年代）、国民年金会館本館のクリスタルスカイライト内

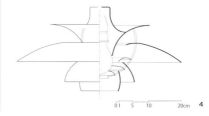

Pendant Light in Social Insurance Institution Main Building
1950s

帯状の羽で包み込まれたライト

「エンジェルウイング（天使の羽）」と「ビーハイブ（蜂の巣）」は、光源を板状のシェードで包み込むヘニングセン譲りの手法を用いながら、アールトらしいユニークな形状にデザインされたライトだ。

エンジェルウイングは、上方に向かって広がる形に薄板のリングを重ねることで天使の羽をかたどったフロアライト。一方、ビーハイブは、重ね合わされた真鍮製のリングが球形を形づくるペンダントライトで、蜂の巣のように細かなスリットから漏れる光が美しい。

建築作品においても複数の帯状のエレメントで空間を包み込む手法が見られるが、そこにスケールや対象を超えて連続するアールトの思考を見出すことができるだろう。

1. シーリングライト A622（1953 年）、国民年金会館本館
2. カストロップ・ラウゼルの都市センター計画における多目的ホール（計画案、1965-66 年） 設計過程でのスケッチ
3. フロアライト A809（1959 年）
4. ペンダントライト A331「ビーハイブ」（1953 年）、マイレア邸
5. フロアライト A805「エンジェルウイング」（1965 年）

Floor Light A805 "Angel Wing"
1965

資料編　Appendix

年譜
Chronology

	主な出来事		同時期の主要作品
	建築作品・計画案	家具・照明	
1898	アルヴァ・アールト、2月3日にフィンランド中西部クオルタネで生まれる		
1903	ユヴァスキュラに引っ越す		
1916	ヘルシンキ工科大学建築学科に入学		
1917	フィンランド独立宣言		
1918	アラヤルヴィに引っ越す		
1919	両親の家の増改築（アラヤルヴィ） アラヤルヴィの青年団集会所		
1921	ヘルシンキ工科大学建築学科を卒業		
1923	ストックホルムでエリック・グンナール・アスプルンドに会う ユヴァスキュラでアトリエを開設 マンネル邸（テユサ）		ストックホルム市庁舎（ラグナール・エストベリ） 帝国ホテル（フランク・ロイド・ライト） ラ・ロッシュ＝ジャンヌレ邸（ル・コルビュジエ）
1924	アイノ・マルシオと結婚		シュレーダー邸（ヘリット・トーマス・リートフェルト）
1925	労働者会館（ユヴァスキュラ）		パリランプ（ポール・ヘニングセン） ワシリーチェア（マルセル・ブロイヤー）
1926	アイラ・ハウス（ユヴァスキュラ）		バウハウス校舎（ヴァルター・グロピウス）
1927	トゥルクにアトリエを移す		ヴァイセンホーフ・ジードルンク（ル・コルビュジエほか） サイドチェア MR10（ミース・ファン・デル・ローエ）
1928	デンマークでポール・ヘニングセンに会う		ストックホルム市立図書館（エリック・グンナール・アスプルンド） スリングチェア LC1（ル・コルビュジエ）
1929	第2回CIAM（フランクフルト・アム・マイン）に初参加。ル・コルビュジエ、ヴァルター・グロピウス、ラズロ・モホリ＝ナギらと知り合う 家具職人オット・コルホネンと出会う トゥルク市700年祭博覧会会場（エリック・ブリュッグマンと協働） ムーラメの教会（ユヴァスキュラ）		バルセロナ・パビリオン（ミース・ファン・デル・ローエ）
1930	第3回CIAM（ブリュッセル）に参加 ヘルシンキで最小限住宅展が開催される ストックホルム国際博覧会が開催される トゥルン・サノマット新聞社（トゥルク）	チェア23	トゥーゲントハット邸（ミース・ファン・デル・ローエ）
1931			サヴォア邸（ル・コルビュジエ）
1932		アームチェア41「パイミオ」 アームチェア26	
1933	ヘルシンキにアトリエを移す 第4回CIAM（アテネ）に参加 ロンドンにてアールト展開催 パイミオのサナトリウム	スツール60	
1935	マイレ・グリクセンらと「アルテック」を設立 ヴィープリの図書館		
1936	パリ万国博覧会フィンランド館の設計競技で1位入選。初の海外作品に着手 アールトハウス（ヘルシンキ）	アームチェア400「タンク」	落水荘（フランク・ロイド・ライト）
1937	パリへ旅行。パブロ・ピカソらと会う パリ万国博覧会フィンランド館 タリン美術館（設計競技案） レストラン・サヴォイ（ヘルシンキ）	ペンダントライト A330S「ゴールデンベル」	タリアセン・ウエスト（フランク・ロイド・ライト） アスプルンドの夏の家（エリック・グンナール・アスプルンド）

年			
1938	ニューヨーク近代美術館にて「アールト：建築と家具展」開催。初の渡米 ニューヨーク万国博覧会フィンランド館の設計競技で1位入選 オスロ、コペンハーゲンにてアールト展開催 スニラのパルプ工場（コトカ）		
1939	フィンランド建築家協会の副会長を務める マイレア邸（ノールマルック） ニューヨーク万国博覧会フィンランド館（アメリカ）	アームチェア 406	
1940	マサチューセッツ工科大学（MIT）の客員教授に招聘される		森の火葬場（エリック・グンナール・アスプルンド）
1941			復活礼拝堂（エリック・ブリュッグマン）
1943	フィンランド建築家協会の会長を務める（～58）		チャイニーズチェア（ハンス・J・ウェグナー）
1947	ヘルシンキにて「アイノ＆アルヴァ・アールト共同設計25周年記念展」開催。その後、 コペンハーゲン、オスロ、チューリッヒ、ミラノ、パリ、アムステルダムを巡回（～50） チェア 612		
1948	ベーカー・ハウス（アメリカ、ケンブリッジ）		
1949	アイノ・アールトが死去 ヘルシンキ工科大学より名誉博士号を受ける		イームズ邸（チャールズ＆レイ・イームズ） グラス・ハウス（フィリップ・ジョンソン）
1950	ラハティの教会（設計競技案）	ペンダントライト A338 「ビルベリー」	ファンズワース邸（ミース・ファン・デル・ローエ） シェルチェア DSS（チャールズ＆レイ・イームズ） Y チェア（ハンス・J・ウェグナー）
1951	ユヴァスキュラ教育大学整備拡張計画の設計競技に当選	シーリングライト A337 「フライングソーサー」	
1952	アトリエのスタッフ、エリサ・マキニエミと再婚 リウノッツァロの村役場（ユヴァスキュラ） ヘルシンキ工科大学のオタニエミ・スポーツホール	ペンダントライト A110 「ハンドグレネード」	マルセイユのユニテ・ダビタシオン（ル・コルビュジエ） 国際連合本部ビル（オスカー・ニーマイヤーほか） アントチェア（アルネ・ヤコブセン）
1953	ムーラッツァロの実験住宅（ユヴァスキュラ）	シーリングライト A622 ペンダントライト A331 「ビーハイブ」	
1954	ベルリンのインターバウ住宅展に招待される ヘルシンキの都市センター計画を依頼される	スツール X602 ペンダントライト A330	
1955	フィンランド・アカデミーの会員となる ラウタタロ・オフィスビル（ヘルシンキ） ユヴァスキュラ教育大学の本館 ユヴァスキュラ教育大学の学生食堂	ペンダントライト A201	ロンシャンの礼拝堂（ル・コルビュジエ） 広島平和記念資料館（丹下健三）
1956	アールトスタジオ（ヘルシンキ） ヴェネツィア・ビエンナーレのフィンランド館（イタリア）		バタフライスツール（柳宗理）
1957	イギリス王立建築家協会（RIBA）よりゴールド・メダルを受ける 国民年金会館本館（ヘルシンキ） ハンザ地区の集合住宅（ドイツ、ベルリン） バグダッドの現代美術館（計画案）		
1958	フィンランド建築家協会の名誉会員となる 北ユトランド美術館の設計競技で当選 文化の家（ヘルシンキ） ヴォクセンニスカの教会（イマトラ）		シーグラム・オフィスビル（ミース・ファン・デル・ローエ） PH5（ポール・ヘニングセン） エッグチェア（アルネ・ヤコブセン）

1959	ニューヨークのメトロポリタン美術館で「20世紀の建築家展」開催。フランク・ロイド・ライト、ヴァルター・グロピウス、ミース・ファン・デル・ローエ、ル・コルビュジエとともに大きく取り上げられる	グッケンハイム美術館（フランク・ロイド・ライト） 国立西洋美術館（ル・コルビュジエ） ラ・トゥーレット修道院（ル・コルビュジエ）
	ルイ・カレ邸（フランス、バゾーシュ・スュール・グィヨンヌ） フロアライト A809	
1960	中部フィンランド博物館（ユヴァスキュラ） セイナヨキの教会	SAS ロイヤルホテル（アルネ・ヤコブセン）
1962	エンソ・グートツァイト本社ビル（ヘルシンキ） ヴォルフスブルク文化センター（ドイツ） ヴォルフスブルクの教会（ドイツ）	
1963	フィンランド・アカデミーの会長となる（～68） アメリカ建築家協会（AIA）よりゴールド・メダルを受ける ベルリンの芸術アカデミーでアールト展開催。その後、ハンブルク、エッセン、チューリッヒ、アメリカ各地を巡回（～66）	母の家（ロバート・ヴェンチューリ）
1965	フィレンツェのパラッツォ・ストロッツィで大規模なアアルト展が開催される	ソーク研究所（ルイス・カーン）
	セイナヨキ市庁舎 セイナヨキ市立図書館 ヴェストマンランド・ダラの学生会館（スウェーデン、ウプサラ）	フロアライト A805 「エンジェルウイング」	
1966	ヘルシンキ工科大学の大講堂 オクサラ邸（コルピラハティ） シエナの文化センター（計画案）	
1967	ヘルシンキのアテネウム美術館にてアールト展開催	
1968	フィンランド・アカデミーの名誉会員となる ロヴァニエミ市立図書館 デトメローデの教会（ドイツ、ヴォルフスブルク） スカンジナビア館（アイスランド、レイキャヴィーク）	新ナショナル・ギャラリー（ミース・ファン・デル・ローエ）
1969	ドイツ文化賞ポール・ル・メリテを受賞する アカデミア書店（ヘルシンキ） コッコネン邸（ヤルヴェンパー） アラヤルヴィ庁舎	
1970	マウント・エンジェル修道院の付属図書館（アメリカ）	
1971	フィンランディア・ホール（ヘルシンキ）	デンマーク国立銀行（アルネ・ヤコブセン）
1972	フランス建築アカデミーよりゴールド・メダルを受ける 北ユトランド美術館（デンマーク、オールボー）	キンベル美術館（ルイス・カーン）
1973	ヘルシンキの建築博物館にて「アルヴァ・アールト：スケッチ展」開催	シドニー・オペラハウス（ヨーン・ウッツォン）
1974	アルヴァ・アールト美術館（ユヴァスキュラ）	
1975	ヘルシンキ市電力公社ビル	
1976	5月11日、ヘルシンキにて死去	バウスベア教会（ヨーン・ウッツォン） 住吉の長屋（安藤忠雄）
1977		ポンピドゥー・センター（レンゾ・ピアノほか）
1978	ヘルシンキの建築博物館が監修したアールト回顧展がフィンランディア・ホールで開催される。その後、東京と札幌を含む世界30以上の都市を巡回 リオラの教会（イタリア）	
1979	ラハティの教会	
1983	ユヴァスキュラの劇場	
1987	ロヴァニエミ市庁舎	

（参考文献：[12][50]）

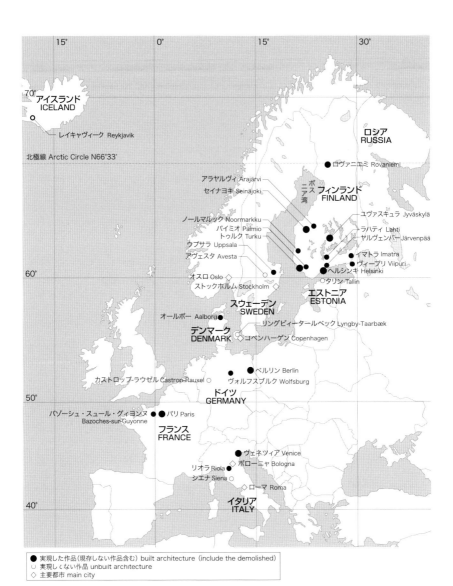

事例・所在地リスト
Examples and Map

本書に掲載した建築作品を国・都市別に列挙し、名称 / 設計開始年および竣工年 / 所在地を記す（計画案、現存しない作品、非公開住宅の所在地は不記載）。

FINLAND

01 アールトハウス / 1934-36 / ヘルシンキ　→ p.16、94、95、132、133、148、196、197、199
Aalto House / Riihitie 20, 00330 Helsinki

02 レストラン・サヴォイ / 1937 / ヘルシンキ　→ p.80、222
Restraunt Savoy / Eteläesplanadi 14, 00130 Helsinki

03 ラウタタロ・オフィスビル / 1951-55 / ヘルシンキ　→ p.13、102
Rautatalo Office Building / Keskuskatu 3, 00101 Helsinki

04 国民年金館本館 / 1948-57 / ヘルシンキ　→ p.10、12、13、112、119、138、162、172、221、225、226、227、228
Social Insurance Institution Main Building / Nordenskiöldinkatu 12, 00250 Helsinki

05 文化の家 / 1952-58 / ヘルシンキ　→ p.50、138
House of Culture / Sturenkatu 4, 00510 Helsinki

06 エンソ・グートツァイト本社ビル / 1959-62 / ヘルシンキ　→ p.100
Enso-Gutzeit Co. Headquarters / Kanavaranta 1, 00101 Helsinki

07 アールトスタジオ / 1954-56、62-63 / ヘルシンキ　→ p.40、41、62、70、98、120、130
Alvar Aalto's Studio / Tiilimäki 20, 00330 Helsinki

08 アカデミア書店 / 1961-69 / ヘルシンキ　→ p.81、166、167
Academic Bookshop / Pohjoisesplanadi 39, 00100 Helsinki

09 フィンランディア・ホール / 1962-71 / ヘルシンキ　→ p.119
Finlandia Hall / Mannerheimintie 13e, 00100 Helsinki

10 ヘルシンキ市電力公社ビル / 1965-75 / ヘルシンキ　→ p.164
Administration Building for Helsinki City Electric Power Company / Kampikuja 2, 00100 Helsinki

11 ヘルシンキ工科大学 / 1949-74 / エスポー（ヘルシンキ近郊）　→ p.14、61、70、72、122、171、172、225
Helsinki University of Technology / 02150 Espoo（near Helsinki）

12 ラハティの教会 / 1969-79 / ラハティ　→ p.11、154
Lahti Church / Kirkkokatu 4, 15110 Lahti

13 コッコネン邸 / 1967-69 / ヤルヴェンパー　→ p.96、120、185
Villa Kokkonen / Tuulimyllyntie 5, 04400 Järvenpää

14 労働者会館 / 1924-25 / ユヴァスキュラ　→ p.12、26
Workers' Club / Väinönkatu 7, 40100 Jyväskylä

15 アイラ・ハウス / 1924-26 / ユヴァスキュラ　→ p.211
Aira Apartment Building for Railway Workers / Tapionkatu 2, 40100 Jyväskylä

16 ムーラメの教会 / 1926-29 / ユヴァスキュラ　→ p.226
Muurame Church / Kirkkotie 7, 40950 Muurame, Jyväskylä

17 サウナッツァロの村役場 / 1949-52 / ユヴァスキュラ　→ p.12、16、30、37、44、66、134、135、136、138、198、206
Säynätsalo Town Hall / Parviaisentie 9, 40900 Jyväskylä

18 ムーラッツァロの実験住宅 / 1953 / ユヴァスキュラ　→ p.12、15、78、144、149、182、183、186、190
Experimental House in Muuratsalo / 1953 / Melalamentie, Muuratsalo, Jyväskylä

19 ユヴァスキュラ教育大学 / 1951-71 / ユヴァスキュラ　→ p.15、61、66、165、171、172、225
Jyväskylä University / Seminaarinkatu 15, 40014 Jyväskylän yliopisto

20　中部フィンランド博物館 / 1957-60 / ユヴァスキュラ　→ p.171
　　Central Finnish Museum / Alvar Aallon Katu 7, Seminaarinkatu, 40600 Jyväskylä

21　アルヴァ・アールト美術館 / 1971-74 / ユヴァスキュラ　→ p.84、207
　　Alvar Aalto Museum / Alvar Aallon katu 7, 40600 Jyväskylä

22　ユヴァスキュラの劇場 / 1964-83 / ユヴァスキュラ　→ p.15
　　Jyväskylä City Theater / Vapaudenkatu 36, 40100 Jyväskylä

23　オクサラ邸 / 1965-66 / コルピラハティ（ユヴァスキュラ近郊）　→ p.184、185
　　Villa Oksala / Korpilahti（near Jyväskylä）

24　トゥルン・サノマット新聞社 / 1928-30 / トゥルク　→ p.64
　　Turun Sanomat Building / Kauppiaskatu 5, 20100 Turku

25　パイミオのサナトリウム / 1928-33 / パイミオ　→ p.13、112、140、142
　　Paimio Sanatorium / Alvar Aallontie 273, 21540 Paimio

26　マイレア邸 / 1938-39 / ノールマルック　→ p.13、17、28、56、88、94、95、123、146、147、185、188、189、
　　197、200、208、210、223、228
　　Villa Mairea / Pikkukoivukuja 20, 29600 Noormarkku

27　セイナヨキの教会 / 1951-60 / セイナヨキ　→ p.157、158、206
　　Seinäjoki Church / Koulukatu 24, 60100 Seinäjoki

28　セイナヨキ市立図書館 / 1960-65 / セイナヨキ　→ p.81、177、178
　　Seinäjoki City Library / Alvar Aallon katu 14, 60101 Seinäjoki

29　セイナヨキ市庁舎 / 1958-65 / セイナヨキ　→ p.36、37、61
　　Seinäjoki City Hall / Koulukatu 21, 60100 Seinäjoki

30　アラヤルヴィ庁舎 / 1966-69 / アラヤルヴィ　→ p.46、61、81
　　Arajärvi Town Hall / Alvar Aallon tie 1, 62900 Alajärvi

31　ロヴァニエミ市立図書館 / 1961-68 / ロヴァニエミ　→ p.10、15、61、114、170、171、176、177
　　Rovaniemi City Library / Jorma Eton tie 6, 96100 Rovaniemi

32　ロヴァニエミ市庁舎 / 1961-87 / ロヴァニエミ　→ p.15
　　Rovaniemi City Hall / Hallituskatu 7, 96100 Rovaniemi

33　ヴォクセンニスカの教会 / 1955-58 / イマトラ　→ p.90、123、150、157、172
　　Vuoksenniska Church / Ruokolahdentie 27, 55800 Imatra

RUSSIA

34　ヴィープリの図書館 / 1927-35 / ヴィープリ　→ p.15、20、24、86、89、104、168
　　Viipuri Library / Suvorovskiy Prospekt, 4, Vyborg, Leningradskaya oblast', 188800

DENMARK

35　リングビータールベックの礼拝堂と墓地（設計競技案）/ 1952 / リングビータールベック　→ p.81
　　Competition Entry for Funeral Chapel and Cemetery in Lyngby-Taarbæk / Lyngby-Taarbæk

36　北ユトランド美術館 / 1958-72 / オールボー　→ p.38、39、172、174
　　North Jutland Art Museum / Kong Christians Alle 50, 9000 Aalborg

SWEDEN

37　ヨンッソン財団海洋博物館野外研究室（計画案）/ 1944 / アヴェスタ　→ p.41
　　Proposed Plan for Open Air Laboratory, Johnson Institute Seafaring Museum / Avesta

38　ヴェストマンランド・ダラの学生会館 / 1961-65 / ウプサラ　→ p.92
　　Västmanlands-Dala Student Association / S:t Larsgatan 13,75311 Uppsala

ICELAND

39　スカンジナビア館 / 1962-68 / レイキャヴィーク　→ p.16、60、61、172、224
　　Nordic House / Sæmundargata 11, 101 Reykjavík, Iceland

ESTONIA

40 タリン美術館設計競技案 / 1937 / タリン → p.32
Competition Entry for Tallinn Art Museum / Tallinn

GERMANY

41 ハンザ地区の集合住宅 / 1955-57 / ベルリン → p.123
The Apartment Block in the Hansaviertel / Klopstockstraße 30, 10557 Berlin

42 ヴォルフスブルク文化センター / 1958-62 / ヴォルフスブルク → p.52
Wolfsburg Cultural Center / Porschestraße 51, 38440 Wolfsburg

43 ヴォルフスブルクの教会 / 1960-62 / ヴォルフスブルク → p.204、221
Wolfsburg Church / Röntgenstraße 81, 38440 Wolfsburg

44 デトメローデの教会 / 1963-68 / ヴォルフスブルク → p.118、119
Detmerode Church / Detmeroder Markt 6, 38444 Wolfsburg

45 カストロップ・ラウゼルの都市センター計画における多目的ホール（計画案）/ 1965-66 / カストロップ・ラウゼル
→ p.228
Proposed Plan for Multi-Purpose Hall in Central Area Plan, Castrop-Rauxel / Castrop-Rauxel

FRANCE

46 パリ万国博覧会フィンランド館 / 1936-37 / パリ（現存せず） → p.60、94、95、172
Finnish Pavillion at Paris World's Fair / Paris（demolished）

47 ルイ・カレ邸 / 1956-59 / バゾーシュ・スュール・グィヨンヌ（パリ近郊） → p.12、13、16、18、37、60、61、
108、126、156、157、171、185、187、212、213、222
Maison Louis Carré / 2 Chemin du Saint-Sacrement, 78490 Bazoches-sur-Guyonne (near Paris)

ITALY

48 ヴェネツィア・ビエンナーレのフィンランド館 / 1955-56 / ヴェネツィア → p.174
Finnish Pavilion at Venice Biennale / Giardini della Biennale Arte, Sestiere Castello, 30122 Venezia VE

49 リオラの教会 / 1965-78 / リオラ（ボローニャ近郊） → p.34、48、74、92
Riola Church / Piazza Matteotti 1, 40030 Riola BO（near Bologna）

50 シエナの文化センター（計画案）/ 1966 / シエナ → p.41
Proposed Plan for Cultural Center in Siena / Siena

U.S.A.

51 ニューヨーク万国博覧会のフィンランド館 / 1938-39 / ニューヨーク（現存せず） → p.60、84
Finnish Pavilion at New York World's Fair / New York（demolished）

52 マウント・エンジェル修道院の付属図書館 / 1964-70 / マウント・エンジェル → p.89、114、177
Library for Mount Angel Benedictine Abbey / 1 Abbey Dr, St Benedict, Oregon

IRAQ

53 バグダッドの現代美術館（計画案）/ 1957 / バグダッド → p.41
Proposed Plan for Baghdad Art Museum / Baghdad

参考文献
References

■エッセイ・伝記

[01] アルヴァー・アールト　エッセイとスケッチ（新装版）、ヨーラン・シルツ（編）、吉崎恵子（翻訳）、鹿島出版会、2009

[02] 白い机　若い時―アルヴァ・アアルトの青年時代と芸術思想、ヨーラン・シルツ、田中雅美（訳）、田中智子（訳）、鹿島出版会、1989

[03] 白い机　モダン・タイムス―アルヴァ・アアルトと機能主義の出会い、ヨーラン・シルツ、田中雅美（訳）、田中智子（訳）、鹿島出版会、1992

[04] 白い机　円熟期―アルヴァ・アアルトの栄光と憂うつ、ヨーラン・シルツ、田中雅美（訳）、田中智子（訳）、鹿島出版会、1998

■作品全般

[05] アルヴァ・アアルト、武藤章、鹿島出版会、1969

[06] アールトとフィンランド―北の風土と近代建築、伊藤大介、丸善、1990

[07] ライト、アールトへの旅―近代建築再見、樋口清、建築資料研究社、1997

[08] アルヴァ・アアルト作品集（全3巻）、カール・フライク、エリッサ・アアルト、武藤章（訳）、A.D.A. EDITA Tokyo、1979

[09] アルヴァ・アアルト（現代建築家シリーズ）、二川幸夫、芦原義信、武藤章、美術出版社、1968

[10] アルヴァー・アールト　1898-1976、セゾン美術館（編）、デルファイ研究所（訳）、デルファイ研究所、1998

[11] アルヴァ・アアルト、a+u、1983年5月臨時増刊号、エー・アンド・ユー

[12] アルヴァー・アールト vol.1/vol.2、建築文化、1998年9月号/10月号、彰国社

[13] 建築ガイドブック　アルヴァ・アアルト、マイケル・トレンチャー、平山達（訳）、丸善、2009

[14] アルヴァル・アールト　光と建築、小泉隆、プチグラパブリッシング、2013

[15] Alvar Aalto: The Complete Catalogue of Architecture, Design & Art, Göran Schlldt, Rizzoli, 1994

[16] Alvar Aalto in seven buildings, Timo Tuomi (Editor), Kristiina Paatero (Editor), Eija Rauske (Editor), Museum of Finnish Architecture, 1998

[17] THE LINE: Original Drawings from the Alvar Aalto Archive, Kristiina Paatero (Editor), Museum of Finnish Architecture, 1993

■住宅作品

[18] AALTO 10 Selected Houses　アールトの住宅、齋藤裕、TOTO出版、2008

[19] ヴィラ・マイレア―アルヴァ・アアルト、齋藤裕、TOTO出版、2005

[20] マイレア邸 / アルヴァー・アールト、松本淳、東京書籍、2009

[21] アルヴァ・アアルトの住宅、ヤリ・イェッツォネン、シルッカリーサ・イェッツォネン、大久保慈（訳）、エクスナレッジ、2013

[22] アルヴァ・アアルトの住宅―その永遠なるもの、a+u、1998年6月臨時増刊号、エー・アンド・ユー

[23] The Aalto House 1935-36 (Alvar Aalto Architect vol.6), Juhani Pallasmaa (Editor), Alvar Aalto Foundation/Alvar Aalto Academy, Archival work Alvar Aalto Museum, 2003

[24] Maison Louis Carré 1956-63 (Alvar Aalto Architect vol.20), Esa Laaksonen (Editor), Alvar Aalto Foundation/Alvar Aalto Academy, Archival work Alvar Aalto Museum, 2009

[25] Inside the Villa Mairea: Art, Design and Interior Architecture, Kirsi Gullichsen (Editor), Ulla Kinnunen (Editor), Alvar Aalto Museum and Mairea Foundation, 2010

[26] VILLA MAIREA NOORMARKKU (Architecture by Alvar Aalto no.5), Alvar Aalto Foundation, 2002

[27] Alvar Aalto Summer Homes, Erkki Helamaa and Jari Jetsonen, Rakennustieto Oy, 2008

■個別作品

[28] セイナツァロの役場（architecture in Detail）、リチャード・ウエストン、シモ・リスタ（写真）、リリーフ・システムズ（訳）、同朋舎出版、1994

[29] ELEVATING THE EVERYDAY　The Social Insurance Institution Headquaters designed by Alvar Aalto its 50th anniversary, The Social Insurance Institution of Finland, Helsinki, 2007

[30] CHURCH OF THE THREE CROSSES (Architecture by Alvar Aalto no.14), Alvar Aalto Foundation, 2001

[31] JYVÄSKYLÄ UNIVERSITY CAMPUS (Architecture by Alvar Aalto no.7), Alvar Aalto Foundation, 1994

[32] SÄYNÄTSALO TOWN HALL (Architecture by Alvar Aalto no.4), Alvar Aalto Foundation, 1997

[33] ALVAR AALTO'S STUDIO (Architecture by Alvar Aalto no.11), Alvar Aalto Foundation, 1998

[34] PAIMIO SANATORIUM 1929-33 (Alvar Aalto Architect vol.5), Mia Hipeli (Editor), Esa Laaksonen (Editor), Alvar Aalto Foundation/Alvar Aalto Academy, Archival work Alvar Aalto Museum, 2004

[35] Alvar Aalto Library in Vyborg: Saving a Modern Masterpiece, Finnish Committee for the Restoratio, Rakennustieto Oy, 2010

[36] University of Technology, Otaniemi 1949-74 (Alvar Aalto Architect vol.13), Mia Hipeli (Editor), Alvar Aalto Foundation/Alvar Aalto Academy, Archival work Alvar Aalto Museum, 2008

[37] Jyzvaskyla University 1951-71 (Alvar Aalto Architect vol.16), Mia Hipeli (Editor), Alvar Aalto Foundation/Alvar Aalto Academy, Archival work Alvar Aalto Museum, 2008

[38] ALVAR AALTO CHIESA DI RIOLA, Grafiche Ruggero, 1999

[39] NORDJYLLANDS KUNSTMUSEUM, Fonden til udgivelse af Arkitekturtidsskrift B, 1999

[40] Alvar Aalto: The Finnish Pavilion at the Venice Biennale, Timo Keinänen, Electa, 1991

[41] The Finland pavilions: Finland at the Universal Expositions 1900-1992, Peter B. Macckeith, Kustannus Oy City, 1992

■プロダクトデザイン

[42] アールト家具の誕生―森からの贈りもの、石上申八郎、建築文化、1998年10月号、彰国社

[43] ALVAR AALTO DESIGNER, Alvar Aalto Foundation, Alvar Aalto Museum, 2002

[44] alvar & aino aalto. design: collection bischofberger, Thomas Kellein (Editor), hatje cantz, 2005

[45] Golden Bell and Beehive: Light Fittings Designed by Alvar and Aino Aalto, Katarina Pakoma (Editor), Alvar Aalto Museum, 2002

[46] Aalto Stool 60 Poster, Artek, 2003

[47] LIGHT YERS AHEAD: THE STORY OF THE PH LAMP, Tina Jorstian, Poul Erik Munk Nielsen, Lois Poulsen, 2000

■その他

[48] 巨匠たちのディテール Vol. II　1928-1988、エドワード・R・フォード、八木幸二（訳）、丸善、1999

[49] 北欧の巨匠に学ぶデザイン　アスプルンド / アールト / ヤコブセン、鈴木敏彦、杉原有紀、彰国社、2013

[50] Who's Alvar Aalto?、X―Knowledge HOME、2002年1月号、エクスナレッジ

[51] 北欧の建築　エレメント＆ディテール、小泉隆、学芸出版社、2017

[52] フィンランド　光の旅　北欧建築探訪、小泉隆、プチグラパブリッシング、2009

あとがき

　本書では、家具および照明器具を含めたアールトの諸作品を、エレメントとディテールに焦点を当てつつ紹介してきた。2013 年に上梓した『アルヴァル・アールト　光と建築』（プチグラパブリッシング）では「光と空間」を主な視点としていたが、それに加えて本書では「物と形態」という視点も重視している。

　巻頭において、アールトの言葉を紡ぎながら小さなアールト論を記すことができたのは嬉しい限りである。アールトは文章を書くことを好まなかったため、他の近代建築の巨匠らに比べると残されている文章は少ないが、詩情に富む言葉からは建築に対するアールトの考え方や姿勢などを汲みとることができた。なかでも、「大きな機能主義」という言葉で表されたアールトの思想は、「機能主義」が狭義の意味で捉えられ、単なるスタイルとして解釈されることで建築の本来あるべき役割が歪められている現状を改めて見直す契機を与えてくれる意味で、鍵となりうる重要な概念ではないだろうか。

　この「大きな機能主義」という思想はとても人間的な考え方であり、ひいてはアールト以外の北欧建築にも広く通底している考え方のようにも感じる。「私は芸術家として仕事をしている」と表明し、「芸術には人間的か、人間的でないかの二つのことしかない」と語るアールトは、自身の作品でもって常に社会に対して「人間的な建築のあり方」を示し、問いかけてきた。一見個性的な形態や特徴の向こうにある、そのようなアールトの設計に対する真摯な姿勢、人間に対する温かい眼差しが居心地のいい空間を形づくり、私たちの心を捉えているに違いない。

　本書ができあがるまでには、多くの方々にお世話になった。
　まずは現地で見学を歓迎してくれた関係者にお礼を申し上げたい。誰もがアールトの建築に関わっていることを誇らしげにしていて、その様子はアールトの存在の大きさを感じさせてくれた。
　アールト財団、アルテック、ルイスポールセン社には、資料や情報提供で協力を得た。また、現地でもお世話になり、貴重な写真を快く提供してくれた、国民年金会館本館のガイドのペトラ・レイカ（Petra Leikas）さんおよび写真家のアンニカ・ソーデルブロム（Annika Söderblom）さん、そして数多くのアールト作品を撮影し紹介してくれている写真家のヤリ・イェッツォネン（Jari Jetsonen）さんにも感謝したい。
　前著『北欧の建築　エレメント＆ディテール』に引き続き、学芸出版社の宮本裕美さんと森國洋行さん、ブックデザインを手がけてくれた SATISONE の凌俊太郎さんには大変お世話になった。改めてお礼を申し上げたい。また、限られた時間の中で作図をしてくれた日髙暢子助手ならびに古賀美南さん、寶部彩さんにも感謝いたします。そして最後に、今回も刊行まで温かく見守ってくれた妻、智子に感謝の気持ちを伝えたい。

2018 年 2 月　小泉隆

小泉 隆　Takashi Koizumi

九州産業大学建築都市工学部住居・インテリア学科教授。博士（工学）。1964
年神奈川県横須賀市生まれ。1987年東京理科大学工学部建築学科卒業、
1989年同大学院修了。1989年より東京理科大学助手、1998年T DESIGN
STUDIO共同設立、1999年九州産業大学工学部建築学科専任講師、2010年
同大学住居・インテリア設計学科教授。2017年4月より現職。2006年度ヘル
シンキ工科大学（現アールト大学）建築学科訪問研究員。
主な著書に『北欧の建築　エレメント＆ディテール』（学芸出版社）、『北欧の
モダンチャーチ＆チャペル　聖なる光と祈りの空間』（バナナブックス）、『フィ
ンランド　光の旅　北欧建築探訪』『アルヴァ・アールト　光と建築』（以上、
プチグラパブリッシング）など。

写真および図版クレジット / photo and figure credit
Social Insurance Institution / Annika Söderblom：p.10 fig.1, p.221 fig.1
Alvar Aalto Foundation：p.12 fig.8&9, p.32-33 fig.1, p.33 fig.3, p.60 fig.1,
　p.64 fig.1, p.65 fig.3, p.70 fig.1, p.74 fig.2, p.81 fig.3, p.84-85 fig.1,
　p.94 fig. 4, p.110 fig.3, p.111 fig.4, p.123 fig.3, p.146 fig.1&2, p.169 fig.4,
　p.185 fig.9, p.189 fig.5, p.192 fig.4, p.197 fig.4, p.218 fig.3&4&5,
　p.221 fig.2&3, p.228 fig.2
Jari Jetsonen：p.121 fig.2, p.184 fig.5, p.193 fig.6
L'Architecture d'aujourd'hui：p.172 fig.3（文献［41］より転載）
Artek：p.217 fig.2&3
Bent Ryberg：p.226 fig.3（文献［47］より転載）
その他のすべての写真撮影：小泉隆　other photos by Takashi Koizumi

アルヴァ・アールトの建築　エレメント＆ディテール

2018年3月10日　初版第1刷発行
2020年7月20日　初版第2刷発行

著者 ……………… 小泉隆
発行者 ……………… 前田裕資
発行所 ……………… 株式会社学芸出版社
　　　　　　　　　　京都市下京区木津屋橋通西洞院東入
　　　　　　　　　　電話 075-343-0811　〒600-8216
　　　　　　　　　　http://www.gakugei-pub.jp/
　　　　　　　　　　E-mail info@gakugei-pub.jp

編集 ……………… 小泉隆、宮本裕美・森國洋行（学芸出版社）
作図 ……………… 日髙暢子、古賀美南、賓部彩（九州産業大学
　　　　　　　　　　小泉隆研究室）
デザイン ……………… 凌俊太郎（SATISONE）
印刷・製本 ………… シナノパブリッシングプレス

©Takashi Koizumi 2018　Printed in Japan
ISBN978-4-7615-3240-6

JCOPY《（社）出版者著作権管理機構委託出版物》

本書の無断複写（電子化を含む）は著作権法上での例外
を除き禁じられています。複写される場合は、そのつど事前
に、（社）出版者著作権管理機構（電話 03-3513-6969、
FAX 03-3513-6979、e-mail: info@jcopy.or.jp）の許諾を得
てください。
また本書を代行業者等の第三者に依頼してスキャンやデジ
タル化することは、たとえ個人や家庭内での利用でも著作
権法違反です。